書けばわかる！

わが家にピッタリな

住宅の選び方・買い方

1級ファイナンシャルプランニング技能士・宅地建物取引士
竹下さくら 著

JN206758

SE
SHOEISHA

本書内容に関するお問い合わせについて

このたびは翔泳社の書籍をお買い上げいただき、誠にありがとうございます。弊社では、読者の皆様からのお問い合わせに適切に対応させていただくため、以下のガイドラインへのご協力をお願い致しております。下記項目をお読みいただき、手順に従ってお問い合わせください。

●ご質問される前に

弊社Webサイトの「正誤表」をご参照ください。これまでに判明した正誤や追加情報を掲載しています。

正誤表　https://www.shoeisha.co.jp/book/errata/

●ご質問方法

弊社Webサイトの「刊行物Q&A」をご利用ください。

刊行物Q&A　https://www.shoeisha.co.jp/book/qa/

インターネットをご利用でない場合は、FAXまたは郵便にて、下記 "翔泳社 愛読者サービスセンター" までお問い合わせください。
電話でのご質問は、お受けしておりません。

●回答について

回答は、ご質問いただいた手段によってご返事申し上げます。ご質問の内容によっては、回答に数日ないしはそれ以上の期間を要する場合があります。

●ご質問に際してのご注意

本書の対象を越えるもの、記述個所を特定されないもの、また読者固有の環境に起因するご質問等にはお答えできませんので、予めご了承ください。

●郵便物送付先およびFAX番号

送付先住所　〒160-0006　東京都新宿区舟町5
FAX番号　　03-5362-3818
宛先　　　　（株）翔泳社 愛読者サービスセンター

●免責事項
※本書の記載内容は、2019年4月現在の法令等に基づいています。
※本書の出版にあたっては正確な記述に努めましたが、著者および出版社のいずれも、本書の内容に対してなんらかの保証をするものではありません。
※本書に記載されたURL等は予告なく変更される場合があります。

※本書に記載されている会社名、製品名はそれぞれ各社の商標および登録商標です。
※本書では™、®、© は割愛させていただいております。

はじめに

「住居費」の負担、重くないですか？

ファイナンシャル・プランナー（FP）としてこれまでたくさんの家計相談に乗ってきましたが、一番大きな支出は「住居費」というご家庭が少なくありません。中には、月の支出の4割を占めるケースも。

ところが、「日々の生活が苦しい」というときにまず検討するのは、食費や小遣い、レジャー費、保険料、通信費、教育費などの見直しからなのです。最大支出の「住居費」の見直しに手を付けないのはなぜでしょうか？

それは、住居費の見直しができるとは思いつかないからです。

大家さんと取り決めた家賃や、銀行と契約した住宅ローンの返済額は変えられないと考えている人が多いようですが、額が大きいだけに、ちょっとでも減らせれば効果は絶大。家計にうるおいを与えられます。

たとえば、同じ住まいを長く借りている人は、大家さんや仲介業者にひとこと言えば、月々5,000円分の家賃を下げてもらうことは簡単です。なぜなら、住んでいる間にその物件は古くなっているので、古い物件の家賃が新しいものに比べて安いのは当たり前だからです。大家さん側も「言われたらしょうがないなぁ」と思ってはいますが、自ら「値下げしましょうか？」とは言わないものです。

だからといって、いつまでも借りた当時の家賃で善良に払い続ける必要はないのです。通信費や小遣いを5,000円減らすのはストレスを伴いますが、家賃を下げてもらうのは、仲介業者などに更新前に1回希望を伝えるだけで済むことです。それで、今後の家賃をずっと減らすことができるので、とてもお得な方法です（詳細はP.10「住宅資金を抑えるためのワンポイントアドバイス」を参照）。

持ち家の人も、「よくわからないから」と業者任せのプランでお金を借りて、不必要に多い利息の負担をしている人をよく見かけます。住宅ローンの組み方を工夫すれば、総額で数百万円単位で支払う額を減らすことができます（詳細はP.106を参照）。

なお、今の時代は、家は必ずしも買う必要はない、と筆者は思っています。

無理して買うと住宅ローン返済が滞って生活破綻したり、うまく売ったり貸したりできないような物件を選ぶと家が不良債権化してしまうリスクがあるからです。購入する場合は、金額に見合うだけの細心の注意が必要です（第4章を参照）。

親の時代と異なり、家を買うか賃貸でいくかどうかは、ざっくりいえば、住居費を銀行に払うか（住宅ローン）、大家さんに払うか（家賃）の違いにすぎません。それぞれのメリット・デメリット（賃貸は第3章、購入は第4章を参照）を理解したうえで、自分のライフプランに合った住まい選びをすることこそが大切です。

実は、ライフプラン全体で考えることが「住居費」節約の奥義です。

今に人生100年時代なので、平均して月額10万円の家賃を23歳から100歳まで払い続けると仮定すると、総額で1億円近い住居費（＝家賃10万円×12か月×77年間＋更新料10万円×38回＝9,620万円）を払い続けることになります。

これだけ大きな額の支出ですから、少し見通しを立てるだけでもっと効率的に、もっと合理的になるものです。数百万〜数千万円単位で住居費を節約することができます。

「先のことなんてわからないよ」と、考えることを止めてしまうのは、とてももったいないことです。実際に「書いてみる」と、これまで見えなかった風景が見えてきます。本書が、人生100年時代の暮らし方を考える一助となれば幸いです。

最後に、本書執筆のきっかけをくださった翔泳社の倉橋京子さんに、心より御礼申し上げます。

2019年5月
竹下さくら

目次

第1章　わが家にピッタリな住まいとは?!

「家」をどうするかは、人生の終わりから決めるのが正解 ……… 002

「住宅資金」の位置づけを一生涯ベースで確認しておこう ……… 005

フローチャートでわが家の住まい計画を確認しよう ……… 008

【コラム】シングルでの購入は「マンション詐欺」に注意 ……… 024

第2章　住まい計画をライフプラン表で検証してみよう!

ライフプラン表を書いてみよう ……… 026

【Q&A】今すぐできる家計の見直し ……… 033

「ライフプラン表」は書いたあとが大事! ……… 042

【Q&A】「ライフプラン表」を書いてみたけど、どうすればいいの? ……… 044

第3章　「賃貸」のメリット・デメリット

「購入」より「賃貸」がいい理由 ……… 046

【Q&A】賃貸について教えて! ……… 047

「賃貸」に向く人 ……… 048

一生「賃貸」は、あり? ……… 049

「賃貸」よりも「購入」話が世にあふれている理由 ……… 054

【Q&A】賃貸について教えて! ……… 055

高齢者が賃貸物件を借りるときの留意点 ……… 056

公営住宅・UR賃貸住宅の概要と注意点 ……… 058

【コラム】賃貸住宅の更新料って払わなきゃいけないの? ……… 060

第4章 「購入」のメリット・デメリット

「賃貸」より「購入」がいい理由 ……… 062

「購入」したほうが得な人 ……… 063

「マンション」VS.「戸建て」買うならどっち？ ……… 064

「新築マンション」VS.「中古マンション」買うならどっち？ ……… 066

子どもの予定がない夫婦が買うなら、こんな物件 ……… 068

子どもありの共働き夫婦が買うなら、こんな物件 ……… 070

40〜50代の夫婦が買うなら、こんな物件 ……… 073

シングルの人が買うなら、こんな物件 ……… 076

資産価値が下がらない物件・立地の選び方 ……… 078

第5章 お得に「購入」お金の基礎知識

「住宅購入」には思ったよりいろいろお金がかかります ……… 080

いくらまで「頭金」に入れても大丈夫？ ……… 082

住宅ローンの基礎知識 ……… 084

住宅購入に関わる税金の知識 ……… 088

住宅購入に関わる保険の知識 ……… 090

贈与税の軽減税制度 ……… 092

住宅購入でもらえるお金 ……… 094

購入後の住宅ローンのメンテナンス方法 ……… 096

【コラム】頭金はいくら入れるべき？ ……… 100

第6章 実践！ お得な住宅ローンの組み方＆安心な物件の選び方

モデルルームに行く前に知っておきたい
「わが家の予算」の上限額 ……… 102

自分で選ぶと、購入費は500万円以上安くできます ……… 106

自然災害が心配。ハザードマップの調べ方 ……… 111

共働き夫婦の住宅ローンの選び方 ……… 112

百花繚乱の「団信」。その特徴を知っておこう ……… 116

中古住宅は築何年までOK？ ……… 120

現役時代に「買う」なら、早いほうが良い理由 ……… 124

【会員特典データのご案内】

次のデータは、以下のサイトからダウンロードできます。

①「購入時諸費用」「建築費」の消費税8％と10％の比較表

②「ライフプラン表」（物価上昇率、年齢推移込み）

③毎月返済額と返済年数からわかる「ローン借入可能額」の概算表（金利を入力）

④毎月・ボーナス別「返せる額」の目安表（金利を入力）

> https://www.shoeisha.co.jp/book/present/9784798160535

●注意

※会員特典データのダウンロードには、SHOEISHA iD（翔泳社が運営する無料の会員制度）への会員登録が必要です。詳しくは、Webサイトをご覧ください。

※会員特典データに関する権利は著者および株式会社翔泳社が所有しています。許可なく配布したり、Webサイトに転載することはできません。

※会員特典データの提供は予告なく終了することがあります。あらかじめご了承ください。

●免責事項

※本書や会員特典データの記載内容は、2019年4月現在の法令・情報等に基づいています。

※会員特典データの提供にあたっては正確な記述につとめましたが、著者や出版社などのいずれも、その内容に対してなんらかの保証をするものではなく、内容やサンプルに基づくいかなる運用結果に関してもいっさいの責任を負いません。

※会員特典データで提供するファイルは、Microsoft Excel 2016および2013で動作を確認しています。以前のバージョンでも利用できますが、一部機能が失われる可能性があります。

第1章

わが家にピッタリな住まいとは?!

「家」をどうするかは、
人生の終わりから決めるのが正解

- □ 「賃貸」か「購入」かは、住居費の支払い先の違いにすぎません
- □ 「購入」するか否かは、「退職後の暮らし」に大きく影響します
- □ 「退職後の暮らし」のイメージを早めに家族で共有するとムダがありません

家は「買う」「借りる」どちらでもよい時代に

　この本を手に取られたということは、「賃貸」か「購入」かで迷っているからではないでしょうか。結論からざっくりいえば、両者は住居費を、貸し主の大家さんに払うか（家賃）、銀行に払うか（住宅ローン）の違いにすぎません。つまり、買っても、買わなくても、どちらでもよいのです。

　一昔前、たとえば高度成長期の頃は、マイホームを手に入れることは、多くの人が思い描く「夢」の一つでした。がんばればなんとか買えるかもしれない、そのためにがむしゃらに働く、そんな高嶺の花に近いものでした。賃貸は仮の住まいで、いずれマイホームが欲しいと、世の中みんなが持ち家志向で考えていたものです。

　けれども、今はどうかといえば、住宅購入は人によっては、人生においてこなすべき「ライフプラン上の課題」の一つという位置づけになっています。

「住宅ローン」を借りられるのは、現役時代のみ

　とはいえ、「家」について、特に何も考えないままに過ごしていると、あとで困ることになるというのはありがちです。なぜなら、家を「借りる」ことは一生涯を通して可能な選択肢ですが、もう一方の「買う」という選択肢にはタイムリミットがあるからです。

買うとなると、現金で全額支払えない場合は、住宅ローンを借りて銀行等に売買代金を立て替えてもらって、数十年間にわたり分割払いしていくことになります。

このとき、銀行が数千万円もの大金を貸してくれるチャンスは、基本的に、安定した就労収入がある現役時代に限られています。言い換えれば、買うか買わないかについて悩むことができるのは、就労収入がある間だけ。そして、買うことができるタイミングは、現役時代か退職金をもらったときの二択ということに。

では、何をもって、家を買うか借りるかを決めればよいのでしょうか。その答えは、実は、「退職後の暮らし」をどうするかにかかっています。

20〜40代のうちに「退職後の暮らし」をイメージしておこう

退職後なんてずっと先のこと、と思うものですね。シングルなら、30代後半〜40代を目安に考えてもよいと思います。ただし、家族がいる場合には、"20〜30代、遅くとも40代"のうちに、自分と家族の希望のすり合わせを始めるのが大事です。

たとえば、「退職後は家族と海外で暮らしたい」という希望があるなら、自分以外の家族も海外移住がOKなのかどうか、早めに把握しておくという、わりと簡単な話です。とはいえ、これをしているか否かで後々大きく違ってくるのです。夫は、夫婦でよく海外旅行に行っているから海外移住も問題ないと考えていても、妻は海外旅行ならOKでもずっと住むとなるとそれはイヤ、ということは少なくないからです。

幸運にも、家族の意見が同じ方向性であったなら、マネープラン的には何も迷うことはありません。退職するまでは賃貸暮らしを続けて住居費をうまく抑え、貯蓄に励み、将来の移住資金や長期滞在資金に備えるといいでしょう。語学の勉強にも前向きに取り組んで、お金もモチベーションもすっきりして、前進あるのみです。

ところが、この海外移住の希望を、老後目前の"50代"になって言い出した場合、トラブルの種になるケースが少なくありません。家族それぞれの思惑もあり、価値観が違ったり、気持ちがすれ違っていると、離婚の危機にもなり得るほど深刻です。

そして、"60代"になってから思い立ったというケースでは、すでに老後に片足を踏み込んでいますので、資金の手当ても、気持ちの整理も、間に合わない可能性があります。また、体力的な面では、引越しは"70代"にはキツイといわれています。60代後半に住居を替えるとして、60代前半で決断する流れでは、準備の時間はあまりなさそうです。

　田舎に引っ越したり、新しい土地に動くというときは特に、夫婦の意見の一致は大事です。在職中は会社の付き合いが中心という夫でも退職後は妻との暮らしを一番に考えるというケースの場合に、妻のほうはこれまで長らく培ってきた人間関係を重視して引越しには消極的というパターンはよくあります。

　「退職後の暮らしなんて、今はわからないよ」という人もいますが、家族のほうは何か希望があるかもしれません。以下の図1-1のQ1〜5について、軽く確認しておくのがお勧めです。

[図1-1] 最低限チェックしておきたい「退職後の暮らし」のイメージ

　　　20〜40代のうちに家族で確認しておきたいポイントです!

Q1 どこで暮らす?

(例)海外で

Q2 誰と過ごす?

(例)妻と

Q3 そのために必要な準備は?
その準備はいつから始める?

(例)英語力と貯蓄。今から始めたほうがいいかも

Q4 家は買う必要がある?

(例)日本で買う必要性は感じない

Q5 まだリタイア後の暮らし方がイメージできない場合、
何歳ごろをめどに決める?
遅すぎて準備が間に合わないことがないよう注意!

歳ごろ

「住宅資金」の位置づけを一生涯ベースで確認しておこう

- □ 家を買う予定の人は、早めに計画を立てましょう
- □ 「住宅資金」「教育資金」「老後資金」のバランスが大事
- □ 「買う」タイミングが遅れると老後資金に影響が出ます

「住宅資金」を慎重に考えるべきケースとは

　ここで特に確認しておきたいのは、前ページの図1-1のQ4「家は買う必要がある？」という質問の答えが「ある」となったときです。イメージしているのが地方や郊外の物件であれば、あまり心配しなくてもよいのですが、大都市圏でかつ新築物件といった希望の場合には、具体的に取得プランを立てておくのが無難です。

　というのは、行き当たりばったりに思い付きで購入に踏み切ると、「住宅資金」の総額がだぶつきやすいからです。そして、そのしわ寄せは、最終的に「老後資金」にいくため、人生の最後の最後で「もう少しお金があったらなぁ」という事態になりかねない危険性があります。

　ところが、困ったことに、老後資金の枯渇に気がつくのは老後に入ってから、というご家庭が少なくありません。住宅資金の総額が膨らみすぎないようにする一番の方法は、家を「買う」ケースでは、身の丈に合う価格の物件を効率的に買うことに尽きます。

　「賃貸」であれば、家庭のふところサイズに合わせた、家賃負担の軽い住まいに引っ越せますが、いったん購入すると気軽には引っ越せないので、購入前にじっくりと検討することがとても重要です。

　次ページの図2-1の質問に答えながら、家族で将来の「家」のイメージがすり合わせできたら理想的です。目安として、同図のQ1～6の合計がおおむね25を超えるような物件になりそうなら、買うための準備を始めることを視野に入れて、情報収集のアンテナを広げておいたほうがよさそうです。

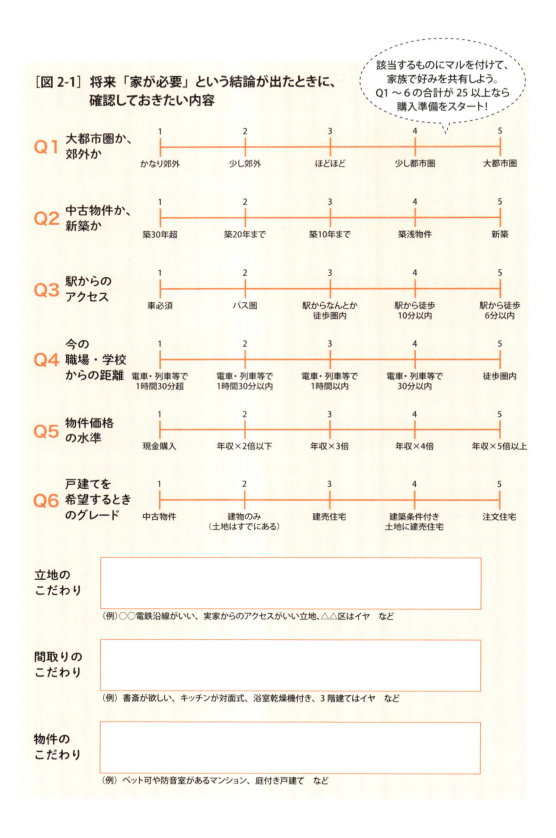

「住宅資金」のかけすぎは「老後資金」不足に直結

　一生涯の中で最も大きな資金となるものには、「住宅資金」「教育資金」「老後資金」の3つが挙げられます。就労収入や退職金、年金といったお金は限られていますから、その中で生活費のほかに、この3つの資金バランスを取ることは、ことのほか重要です。

　なぜなら、3つの資金は綱引き関係にあるからです。次の図2-2にあるように住宅資金などがかさむと、最後に必要となる老後資金が足りなくなる危険性があるのです。

　最終的に家を買うケースで考えてみると、40歳で買うか、50歳で買うかでは、住居費の総額に数百万円単位の差を生じさせることも。たとえば、購入までの家賃が10万円であれば、年間120万円、10年で1,200万円分の家賃が、40歳で買うよりも50歳で買うケースのほうが多くかかる計算です。そのため、結果的に、老後資金がその分だけ少なくなることに気をつけておきましょう。

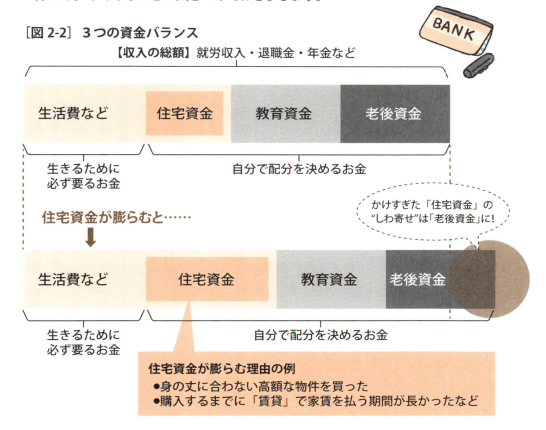

[図2-2] 3つの資金バランス

かけすぎた「住宅資金」の"しわ寄せ"は「老後資金」に！

住宅資金が膨らむ理由の例
- 身の丈に合わない高額な物件を買った
- 購入するまでに「賃貸」で家賃を払う期間が長かったなど

フローチャートで
わが家の住まい計画を確認しよう

- □「家」との付き合い方を、一度立ち止まって考えてみることは大事です
- □ 退職後の暮らしのイメージから、自分のパターンを見つけましょう
- □ 自分のパターンに潜む留意点や、把握しておきたいお金を確認しましょう

フローチャートで、自分のパターンを把握

　「家」は、一日の中でも一番長く過ごす場所で、長い人生でみれば、配偶者よりも一緒に過ごす時間が長いかもしれません。行き当たりばったりではなく、家との付き合い方をざっくりイメージしておくことは大切です。

　まずは、次ページの図3-1のフローチャートで、自分や家族が考える家との付き合い方のビジョンをつかんでみてはいかがでしょうか。シングルの人は自分の考えで、家族と暮らしている人はP.6の図2-1の希望なども参考にして、可能性があるパターンについて確認してみてください。結果は、A～Nの該当パターンごとに、現役時代の住まいと退職後の住まいに焦点を当て、ポイントや留意点をまとめています。

　人生の終わりまでの家の見通しを立ててみると、「同じ買うなら早いほうがいいかも」「将来的に持ち家はいらないから、今、無理して買う必要はないかも」といった冷静な判断もできるようになります。

　また、たとえば「社宅暮らし」のように、今はほとんど住居費がかからない状況の人もいますね。ただし、社宅は、いつかは退去しなければならない時期がくるので、そのあとは何らかの形で住居費を捻出する可能性が高くなります。そのイメージを持つことができれば、見通しを立てて、今から取り組むべき課題も見えてきます。今後の暮らし方を考える際の参考にしてみてください。

　なお、資金準備に関する注意点は、主に、大都市圏の新築物件を購入するケースを想定して解説しています。年収や住む地域、物件によっては資金準備についてあまり危惧しなくて済む可能性もありますので、含みおきください。

[図 3-1] 住まい計画確認フローチャート

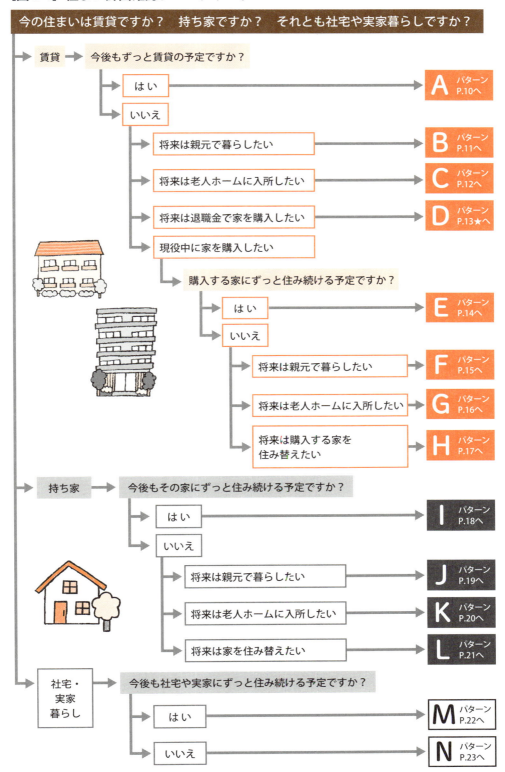

A パターン ずっと賃貸

● 住宅資金を抑えるためのワンポイントアドバイス

賃貸の家賃は、新しい物件ほど高く、古い物件ほど安いものです。今の家賃について、契約当初の額を律儀にずっと払い続けていませんか？

大家さんから家賃を下げる申し出をしてくれることは、まずありません。相場より高めだとわかったら、契約更新の3か月前くらいに「長らく住んでいるけれども近隣相場より家賃が高いので引越しを考えている」と仲介業者に伝えると、多くの場合は更新後の家賃を下げてくれます。

● 特に気をつけておきたい留意点

ずっと住んでいたいと思っていても、大家さんの都合で立ち退きを迫られるケースがあり得ます。また、年金生活に入った際などに、連帯保証人について厳しい対応を迫られることがあります（P.56を参照）。

● 資金計画上でこれだけはチェックしておきたいポイント

今は大丈夫でも、年金や退職金で家賃が払えるかの算段は大事！

☑ 現在の手取り月収[※1]は？　　　　　　　　　　　　　　　　　　　万円

☑ 現在の家賃は？　　　　　　　　　　　　　　　　　　　　　　　　万円

☑ 老後の年金額[※2]は？　　　万円　　12で割ると→　　　万円

☑ 退職金の見込額[※3]は？　　　万円　　300で割ると[※4]→　　　万円

※1：「手取り月収（年収）」とは、勤務先が源泉徴収をする税金（所得税＋住民税）や社会保険料（厚生年金保険料＋健康保険料）、雇用保険料などを差し引いた金額のこと。「年収×0.8」が、ざっくりとした手取り額になる人が多い。
※2：年金額は「ねんきん定期便」をもとに「ねんきんネット」などで調べられる。P.52を参照。
※3：退職金の見込額は、「会社諸規定」「就業規則」などに載っていることが多い。会社の先輩に聞くのも手。
※4：退職金を300で割るのは、12か月×25年＝300のため。65～90歳までの25年間について、月々の不足額が退職金でどれくらいカバーできそうか、イメージをつかむために計算しておこう。

B パターン　今は賃貸。将来は親元で暮らす

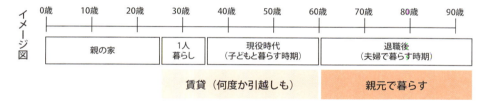

● 住宅資金を抑えるためのワンポイントアドバイス

　親元で暮らすことになれば「生活費や住居費が浮いてお金の心配が減る」と考える人も多いのですが、水道光熱費や食費、買い物時などの費用負担については、最初にきっちり決めておくことで結果的に余分な出費を抑えられます。同居の場合、親に甘えすぎても負担しすぎても不満につながり、精神的にこじれるケースが多いようです。

　なお、介護離職で実家に戻る場合も、自分の身の回りの出費はかさむので、無収入では貯蓄があっという間に目減りしてしまいます。気をつけておきましょう。

● 特に気をつけておきたい留意点

　親元で暮らすということは、ゆくゆくはその家や土地をもらうという算段もあることが多いようですが、その見返りに、介護義務がセットになっています。

　介護は、いつまで続くかわからない長丁場になることも。家族の精神的・体力的・金銭的な負担のバランスには、十分に配慮してください。

● 資金計画上でこれだけはチェックしておきたいポイント
親元でのランニングコストに問題がないか事前にチェックを！

✓	親の月々の生活費の概算額（家計折半額を決める際の参考に）	万円
✓	親元に戻る時期※1	・＿＿＿＿歳ごろ　・退職後　・親が要介護になり次第
✓	老後の年金額※2は？　　万円　　12で割ると→　　万円	
✓	退職金の見込額※3は？　　万円　　300で割ると※4→　　万円	

※1：退職後であれば年金収入があるが、現役時代に介護離職して戻ると、日々の自身の身の回りを支える収入はなくなるため、それまでにある程度貯蓄を築いておきたい。仕事を辞めることにより、自身の老後の年金額が減る（増えない）点にも留意を。
※2：年金額は「ねんきん定期便」をもとに「ねんきんネット」などで調べられる。P.52を参照。
※3：退職金の見込額は、「会社諸規定」「就業規則」などに載っていることが多い。会社の先輩に聞くのも手。
※4：退職金を300で割るのは、12か月×25年＝300のため。65〜90歳までの25年間について、月々の不足額が退職金でどれくらいカバーできそうか、イメージをつかむために計算しておこう。

Cパターン 今は賃貸。将来は老人ホームに入所

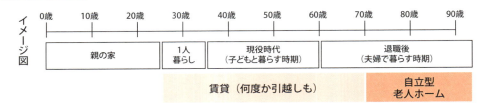

●住宅資金を抑えるためのワンポイントアドバイス

　将来、1人になったとき、介護や医療の心配があるシングルの人などが、検討することが多いパターンです。有料老人ホームは、長くいればいるほどコストが割安になるしくみのため、同じ入居費なら早く入ったほうがお得になります。「自立型」なら健康なうちから入所を受け付けてくれます。
　「サービス付き高齢者向け住宅」は介護サービス付きの賃貸物件で最近急増中ですが、サービスの充実度は物件ごとでかなりバラつきがあります。

※「サービス付き高齢者向け住宅」とは、バリアフリー対応の賃貸住宅で、「サ高住」「サ付き」とも呼ばれています。要介護高齢者が多く入居する有料老人ホームと異なり、主に自立（介護認定なし）あるいは軽度の要介護高齢者を受け入れています。

●特に気をつけておきたい留意点

　退職後すぐに老人ホームに引っ越そうと思っても、人気の物件は数年先まで順番待ちなことも。その一方で、見学会に行き入居者を見て、自分はまだ若すぎるのでは？　とためらう人もいます。体が動くうちに、友人などと複数の見学会に参加し、自分に合う老人ホームを見極めておきたいところです。

●資金計画上でこれだけはチェックしておきたいポイント
年金額や退職金で対応できるホームを見つける努力が大切！

- ✓ 希望の老人ホームの月々の費用[※1]は？　　　　　　　　　　万円
- ✓ 希望の老人ホームに一時金[※2]は必要？　その最低額は？　　　万円
- ✓ 老後の年金額[※3]は？　　万円　　12で割ると→　　万円
- ✓ 退職金の見込額[※4]は？　　万円　　300で割ると[※5]→　　万円

※1：見学会に行くと、教えてもらえる。入居費（家賃）のほか、介護サービス費、食費などが加算される。
※2：以前はまとまった額の一時金が用意できないと入所できない老人ホームが多かったが、最近は月払制が主流になりつつある。ただし、月額がその分だけ割高になるため、年金額で不足する額は、貯蓄や退職金から取り崩すことに。ちゃんとまかなえるか入所前に十分に吟味を。
※3：年金額は「ねんきん定期便」をもとに「ねんきんネット」などで調べられる。P.52を参照。
※4：退職金の見込額は、「会社諸規定」「就業規則」などに載っていることが多い。会社の先輩に聞くのも手。
※5：退職金を300で割るのは、12か月×25年＝300のため。65～90歳までの25年間について、月々の不足額が退職金でどれくらいカバーできそうか、イメージをつかむために計算しておこう。

Dパターン　今は賃貸。退職金で家を購入

イメージ図

| 0歳 | 10歳 | 20歳 | 30歳 | 40歳 | 50歳 | 60歳 | 70歳 | 80歳 | 90歳 |

親の家／1人暮らし／現役時代（子どもと暮らす時期）／退職後（夫婦で暮らす時期）

賃貸（何度か引越しも）　　預貯金・退職金をもとにキャッシュで家を購入

● 住宅資金を抑えるためのワンポイントアドバイス

「仕事が忙しくて、家について考える精神的なゆとりがない」という人にこのパターンをよく見かけます。働いている業界全体が忙しいという傾向があると、多くの場合、出入りの不動産業者が物件の提案をしにくるようです。

このような場合では、多忙で情報収集するひまがないことを見越して、割高な物件を提案されることが多くあります。自分で時間を見つけて情報収集し、希望の物件のグレードと相場観を持っておくことが、割高な物件をつかませられないための最善策になります。

● 特に気をつけておきたい留意点

買える物件価格は、退職金とそれまでの貯蓄次第なので、計画的な貯蓄が重要です。なお、少し上の世代は60歳退職で60歳から年金受給がスタートでしたが、今は60歳退職で65歳からの受給という人が多いです。雇用延長を利用しても大きな収入にはならず、この5年間の生活資金不足のために、貯蓄や退職金を取り崩して計画がくるってしまう人も。要注意です。

● 資金計画上でこれだけはチェックしておきたいポイント

老後の家計が年金額だけで回ることが大前提

- ☑ 希望する家の物件価格帯は？　_____ ～ _____ 万円程度
- ☑ 退職金の見込額[※1]は？　_____ 万円
- ☑ 退職金をもらえる時期は？　・60歳　・65歳　・その他［　　　　］
- ☑ 老後の年金額[※2]は？　_____ 万円　12で割ると→ _____ 万円

※1：退職金の見込額は、「会社諸規定」「就業規則」などに載っていることが多い。会社の先輩に聞くのも手。
※2：年金額は「ねんきん定期便」をもとに「ねんきんネット」などで調べられる。P.52を参照。

E パターン 現役時代に「終の棲家(つい)」を購入

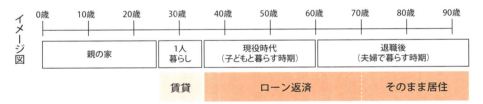

●住宅資金を抑えるためのワンポイントアドバイス

「終の棲家」を現役時代に買うことを決めているのであれば、なるべく早く購入に踏み切ったほうが、無理なく、退職までの完済を目指せます(P.124参照)。

ただし、今の暮らしに必要なもの(保育園が近い、子育てに便利な立地、など)と、終の棲家で求めるもの(静かな街並み、病院に近い立地、など)は異なります。環境や立地、間取りなどについて想像力をたくましくして、物件を検討しておくとムダがありません。

●特に気をつけておきたい留意点

一般的なマンションは50〜60年もつといわれていますが、実際のところは管理次第です。修繕積立金の貯まり具合はよく把握しておきましょう。戸建ての場合は、20〜30年で建物の価値はなくなります。つまり、ローン完済後のリフォーム資金も視野に入れておくことが長く住み続けるうえでとても大切です。

●資金計画上でこれだけはチェックしておきたいポイント

**住宅ローンの完済が退職後までずれこむ場合は、
退職後のやりくりが可能か十分吟味を!**

✓	購入する物件は、退職までに完済可能?	・可能　・退職金で完済　・繰上げ返済する
✓	リフォーム費用の手当ては?	・月々積み立てる　・退職金から取り分ける
✓	老後の年金額[※1]は?	____万円　　12で割ると→　____万円
✓	退職金の見込額[※2]は?	____万円　　300で割ると[※3]→　____万円

※1:年金額は「ねんきん定期便」をもとに「ねんきんネット」などで調べられる。P.52を参照。
※2:退職金の見込額は、「会社諸規定」「就業規則」などに載っていることが多い。会社の先輩に聞くのも手。
※3:退職金を300で割るのは、12か月×25年=300のため。65〜90歳までの25年間について、月々の不足額が退職金でどれくらいカバーできそうか、イメージをつかむために計算しておこう。

F パターン　家を買うが、将来は親元で暮らす

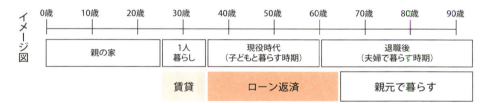

●住宅資金を抑えるためのワンポイントアドバイス

「子どもが小さいうちは、広々として自由にできる持ち家で育てたい。子育てが終わったら親元で暮らす」といった希望を持つ人は少なくありません。親元に帰るときは、せっかくの持ち家を手放すことを意味します。

将来、売りやすい物件、貸しやすい物件かどうかの視点を持ちながら、物件選びをするのがお勧めです。

●特に気をつけておきたい留意点

親元に戻るタイミングとして、子育てを終えたり、仕事を退職したあとを想定している場合が多いのですが、実際はそう思うようにはいかないケースが散見されます。中には、子育て中にダブルケア（子どもと親の両方の世話をする）状態に陥る家庭も。住宅ローンの完済前では身動きしづらい点にも要注意です。

●資金計画上でこれだけはチェックしておきたいポイント
第2章でつくるライフプラン表で、退職時の貯蓄残高を確認しておこう！

✓ 住宅ローンの完済時期は？　　　　　　　　　　　　□ 歳ごろ

✓ 親元に戻る際に、家はどうする予定？　　　　・売る　　・貸す

✓ 親元での住まいは？　・同居（家賃・生活費の負担有り）　・近居（新居の手配要）

✓ 老後の年金額※は？　□ 万円　　12で割ると→　□ 万円

※年金額は「ねんきん定期便」をもとに「ねんきんネット」などで調べられる。P.52を参照。

第1章　わが家にピッタリな住まいとは?!

G パターン　購入する家を出て、将来は老人ホームに入所

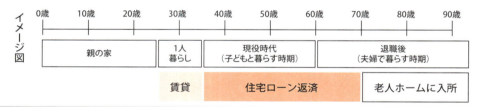

● 住宅資金を抑えるためのワンポイントアドバイス

　マイホームがあり、老人ホームに入所することになったとき、家を売って入居資金にすれば資金繰りはラクです。

　"戻ってくる場所"を残しておきたくて、マイホームをそのままにする場合は、入所中に要介護度が上がり成年後見制度の利用などが始まると、本人が亡くなるまで家を処分できなくなることも。

　また、家を残しておくために、賃貸に出して家賃を稼ごうとすると「小規模宅地の評価減」が使えないケースもあり、事前に税理士など専門家への相談が得策です。

※「小規模宅地の評価減」とは、相続や遺贈によって土地を取得した場合に、その土地の中に被相続人が自宅として住んでいたり、事業の用に供していた小規模な宅地があったときは、その土地が被相続人の生活の基盤になっていたことに配慮すると共に、事業の継続をしやすくするために、宅地の評価額の一定割合を減額できる制度のことです。細かな適用要件があります。

● 特に気をつけておきたい留意点

　見学に行くとわかりますが、老人ホームはマイホームとは違って、かなり狭いです。将来的に入所を予定しているなら、今から不要な家具などを減らし、できるだけミニマムな暮らしを意識しておくと引っ越しがスムーズです。高齢になってから家財整理を始めると、足腰を痛めたり、疲れて体調を崩すこともよくあります。

● 資金計画上でこれだけはチェックしておきたいポイント

いろいろな老人ホームを見学して、相場を把握し、入念な資金準備が大切！

✓	希望のタイプの老人ホームの入所費用は？	一時金　　　　万円　／　月々　　　　万円
✓	夫婦で入所する場合の希望[※1]は？	・夫婦同室　　・夫婦別室
✓	老後の年金額[※2]は？　　　　万円	12で割ると→　　　　万円
✓	退職金の見込額[※3]は？　　　　万円	300で割ると[※4]→　　　　万円

※1：老人ホームでは比較的狭い間取りの物件が多いので、夫婦で入所する場合、個室×2部屋を借りるケースがよくある。夫婦で要介護度が違う場合や、同室ではよく眠れず体調を崩すこともあるため。その分、入所費用は夫婦同室より割高になるので、資金的な手当ても見込んでおくと安心。
※2：年金額は「ねんきん定期便」をもとに「ねんきんネット」などで調べられる。P.52を参照。
※3：退職金の見込額は、「会社諸規定」「就業規則」などに載っていることが多い。会社の先輩に聞くのも手。
※4：退職金を300で割るのは、12か月×25年＝300のため。65～90歳までの25年間について、月々の不足額が退職金でどれくらいカバーできそうか、イメージをつかむために計算しておこう。

Hパターン 購入する家を出て、老後に住み替える

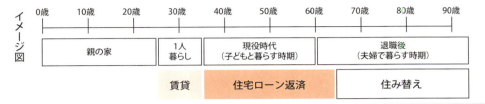

● 住宅資金を抑えるためのワンポイントアドバイス

たとえば「今は都心で、退職後は田舎へ」「退職後は海外旅行三昧の予定なので、空港の近くに住むつもり」など、退職後に住み替える場合、これから購入する家をどうするか、前もって考えておくことが重要です。ニーズがある地域の物件を買うことで、将来売ったり貸したりする際に、買い手・借り手が付きやすくする視点も重要です。

築年数が経った物件は、買い手・借り手が付かない可能性もあるため、売ったときのお金を住み替えの軍資金として使う予定なら、古くなりすぎないタイミングで手放すことが功を奏します。

● 特に気をつけておきたい留意点

住み替えして、元の家を住宅ローン返済中に他人に貸す場合、融資元の金融機関から一括返済を迫られることがある点に要注意。住宅ローンは「本人が所有・使用する」前提で低利で貸すローンなので、本人が住まないとなると契約違反になるためです。また、売るに売れず、貸すに貸せない物件は、"不良債権"になって住み替え計画に支障が出る可能性も。

● 資金計画上でこれだけはチェックしておきたいポイント

家を売ったお金を住み替えの軍資金にするつもりなら、売るタイミングの見通しが大事!

✓	住宅ローンの完済時期は?			歳ごろ
✓	住み替え予定時の家の築年数[1]はどれくらい?			年ぐらい
✓	老後の年金額[2]は?	万円	12で割ると→	万円
✓	退職金の見込額[3]は?	万円	300で割ると[4]→	万円

[1]: たとえばマンションは築年数が進むほど、管理費・修繕積立金の負担がアップする。そのため、たとえば月額5万円で住宅ローンを組めるような価格で売り出しても、管理費・修繕積立金が月額4万円といった事態もあり、買い手が付かない可能性も。古い戸建ては、土地だけの価格にしかならないケースも。
[2]: 年金額は「ねんきん定期便」をもとに「ねんきんネット」などで調べられる。P.52を参照。
[3]: 退職金の見込額は、「会社諸規定」「就業規則」などに載っていることが多い。会社の先輩に聞くのも手。
[4]: 退職金を300で割るのは、12か月×25年=300のため。65〜90歳までの25年間について、月々の不足額が退職金でどれくらいカバーできそうか、イメージをつかむために計算しておこう。

1 パターン　今の持ち家に、ずっと住み続ける

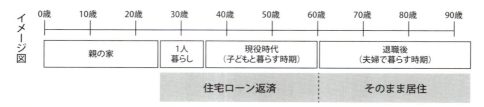

● 住宅資金を抑えるためのワンポイントアドバイス

体は、外見は丈夫でも内側（血管や内臓）から病気になるので、体の中から健康に気をつけることが大切ですが、それは家も同じです。外観は問題なくても、給排水設備などから調子が悪くなるため、日々のメンテナンスが重要です。大規模修繕時に、修繕積立金不足が理由でメンテナンスがおざなりになるマンションもありますが、丁寧なメンテナンスが結局は建物の寿命を延ばすことに。戸建てもいつかはリフォームが必要になります。
「リバースモーゲージ」なども、視野に入れておくと安心です。

※「リバースモーゲージ」とは、自宅を担保にした融資制度の一種。自宅を所有しているが現金収入が少ないという高齢者世帯が、住居を手放すことなく資金を確保するための手段として使われる。自宅を担保にしてリフォーム費用を借りる手も。亡くなるまで自宅に住み続けられ、死亡後は、遺族が家を売却して返済するタイプが主流。一般に、マンションより戸建てのほうが、土地の評価が高い分だけ融資を受けやすい特徴も。

● 特に気を付けておきたい留意点

維持費に注意しましょう。住宅ローンの完済後も、マンションなら、固定資産税のほかに管理費・修繕積立金がかかり、その額は年々アップしていきます。大規模修繕の際の一時金拠出やマンションの建て替え時に仮住まい費用などがかかることも覚えておきましょう。
戸建ても、リフォーム費用を別途に積み立てておくと安心です。

● 資金計画上でこれだけはチェックしておきたいポイント

**住宅ローンが完済したあとは、
そのゆとり分で家のメンテナンスに備えると合理的！**

✓	住宅ローンの完済時期は？	歳ごろ
✓	将来のリフォーム資金の見込額は？	万円
✓	老後の年金額※1は？　　万円　12で割ると→	万円
✓	退職金の見込額※2は？　　万円　300で割ると※3→	万円

※1：年金額は「ねんきん定期便」をもとに「ねんきんネット」などで調べられる。P.52を参照。
※2：退職金の見込額は、「会社諸規定」「就業規則」などに載っていることが多い。会社の先輩に聞くのも手。
※3：退職金を300で割るのは、12か月×25年＝300のため。65〜90歳までの25年間について、月々の不足額が退職金でどれくらいカバーできそうか、イメージをつかむために計算しておこう。

今の持ち家を出て、将来は親元で暮らす

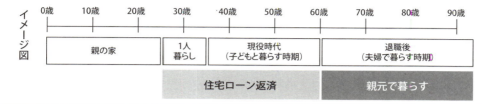

●住宅資金を抑えるためのワンポイントアドバイス

親元に家族一緒に戻る場合、同居ではなく近居（親の家に通えるほどの近くに住むこと）のほうが、家計費負担上のトラブルもなく、ほどよい距離感が保てて合理的なこともあります。

特に近居の場合は、家賃負担をカバーするための収入が欲しいので、地元の就職情報などを前々から見ておき、新しい会社への通いやすさも考慮した物件選びがお勧めです。

持ち家を手放して、地元で家を買い替える場合は、売却に手間がかかり、引越しなどでもバタバタします。早めの情報収集で余分な出費を抑えられます。

●特に気をつけておきたい留意点

兄弟姉妹がいる場合、親元で暮らして親の老後をみるということは、相続がからんだ話になります。特に、親と同じ敷地内に家を建てるなどで家を継ぐ方向性が強い場合は、兄弟姉妹の相続について留意した対応が必要になりそうです。

また、相続財産を受ける権利と介護をする義務は背中合わせです。最後まで支える心構えを大切に。

●資金計画上でこれだけはチェックしておきたいポイント

実家に戻る際に家族がいる場合は、家族の気持ちも大切に！

✓	親の実家の家の相場は？	家賃　　　万円／月	中古物件　　　万円
✓	親元に戻る時期※1	・＿＿＿＿歳ごろ　・退職後　・親が要介護になり次第	
✓	老後の年金額※2は？	万円	12で割ると→　　　万円
✓	退職金の見込額※3は？	万円	300で割ると※4→　　　万円

※1：退職後であれば年金収入があるが、現役時代に介護離職して戻ると、日々の自身の身の回りを支える収入はなくなるため、それまでにある程度貯蓄を築いておきたい。仕事を辞めることにより、自身の老後の年金額が減る（増えない）点にも留意を。
※2：年金額は「ねんきん定期便」をもとに「ねんきんネット」などで調べられる。P.52を参照。
※3：退職金の見込額は、「会社諸規定」「就業規則」などに載っていることが多い。会社の先輩に聞くのも手。
※4：退職金を300で割るのは、12か月×25年＝300のため。65〜90歳までの25年間について、月々の不足額が退職金でどれくらいカバーできそうか、イメージをつかむために計算しておこう。

K パターン　将来は老人ホームに入所したい

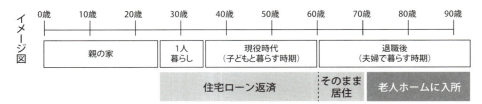

● 住宅資金を抑えるためのワンポイントアドバイス

　いま住んでいる家は、退職後にはかなり年数が経っているため、売却しても老人ホームの入所費用の軍資金としては、あまりあてにはできなさそうです。
　家賃さえ安ければ築年数の古さを気にする人が少ないため、賃貸で貸し出す選択肢も視野に入れておきましょう。たとえば、一般社団法人移住・住みかえ支援機構（JTI）の「マイホーム借上げ制度」を利用すれば、少額ながらも安定した家賃収入を得ることが可能です。

※「マイホーム借上げ制度」とは、50歳以上のシニアを対象に、マイホームを借上げ、賃貸住宅として転貸するシステム。シニアライフには広すぎたり、住み替えにより使われなくなった家を賃貸するしくみ。耐震基準を満たすなど、物件に要件があるので、ホームページ等で確認を。

● 特に気をつけておきたい留意点

　今住んでいる家を残したまま老人ホームに入所する場合、入所中に認知症になったり亡くなったりした場合は、その家の相続に不利になる場合があります。効率よく相続するなら「小規模宅地の評価減」を使いたいところですが、細かな制限があるため、家の残し方について、税理士など専門家に早めに相談しておくと安心です。

※「小規模宅地の評価減」とは、相続や遺贈によって土地を取得した場合に、その土地の中に被相続人が自宅として住んでいたり、事業の用に供していた小規模な宅地があったときは、その土地が被相続人の生活の基盤になっていたことに配慮すると共に、事業の継続をしやすくするために、宅地の評価額の一定割合を減額できる制度のことです。細かな適用要件があります。

● 資金計画上でこれだけはチェックしておきたいポイント

今の家を残しておくと、管理のための手間もかかる。早めの方針決定を！

✓	希望のタイプの老人ホームの入所費用は？	一時金＿＿＿＿万円 ／ 月々＿＿＿＿万円
✓	今の家はどうする？	・売る　・貸す　・そのまま残しておく
✓	老後の年金額※1は？	＿＿＿万円　12で割ると→　＿＿＿万円
✓	退職金の見込額※2は？	＿＿＿万円　300で割ると※3→　＿＿＿万円

※1：年金額は「ねんきん定期便」をもとに「ねんきんネット」などで調べられる。P.52を参照。
※2：退職金の見込額は、「会社諸規定」「就業規則」などに載っていることが多い。会社の先輩に聞くのも手。
※3：退職金を300で割るのは、12か月×25年＝300のため。65〜90歳までの25年間について、月々の不足額が退職金でどれくらいカバーできそうか、イメージをつかむために計算しておこう。

Lパターン 今の持ち家を出て、退職後に住み替える

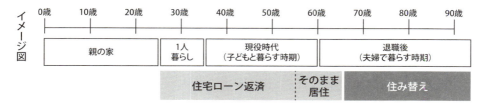

● 住宅資金を抑えるためのワンポイントアドバイス

住み替え先について、退職まで待たず、現役時代から足を運んで検討し始めるのがお勧めです。たとえば、60代後半〜70代の引越しは思っている以上に大変です。60代前半にスムーズに移動するには、50代から検討していてちょうどよい感じです。

住み替え先の住まいを早く決めていれば、引越しのモチベーションも上がって、今の住まいと現地の二重生活を回避でき、余分な住居費負担を抑えられます。

● 特に気をつけておきたい留意点

土地勘に乏しい場所に住み替える場合は、その土地の生活になじむのにはけっこう時間がかかります。たとえばゴミ出しのルールにしても、自治体ごとで異なり、近所の人間関係も濃さ・薄さが違います。何度か足を運んでみたり、まずは賃貸を借りるなどして、自分が落ち着く先としてふさわしいか、現役時代から確認しておきましょう。

● 資金計画上でこれだけはチェックしておきたいポイント

検討が遅いと、結局、住み替えの踏ん切りがつかないことも！

- ☑ 住宅ローンの完済時期は？　　　　　　　　　　　　　□ 歳ごろ
- ☑ 住み替え予定はいつごろ？　　　　　　　　　　　　　□ 歳ごろ
- ☑ 老後の年金額[※1]は？　□ 万円　　12で割ると→　□ 万円
- ☑ 退職金の見込額[※2]は？　□ 万円　　300で割ると[※3]→　□ 万円

※1：年金額は「ねんきん定期便」をもとに「ねんきんネット」などで調べられる。P.52を参照。
※2：退職金の見込額は、「会社諸規定」「就業規則」などに載っていることが多い。会社の先輩に聞くのも手。
※3：退職金を300で割るのは、12か月×25年＝300のため。65〜90歳までの25年間について、月々の不足額が退職金でどれくらいカバーできそうか、イメージをつかむために計算しておこう。

Mパターン　今の社宅や実家暮らしをぎりぎりまで継続

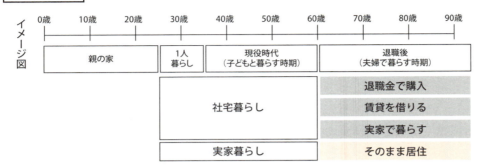

●住宅資金を抑えるためのワンポイントアドバイス

いずれにしても、老後の住居費は、これまでほど安上がりでは済まなくなるため現役時代に意識してしっかり貯蓄をしておくことが、退職後の住居費関連の支出に備えるうえで重要です。特に退職後に実家で暮らす場合は、家が古くなっているためリフォーム資金について、退職金をあてにされることは念頭に置いておきましょう。

●特に気をつけておきたい留意点

社宅暮らしの人は本人死亡後は、家族は社宅に住み続けることができません。社宅暮らしの間の生命保険は、もしもの場合に家族が困らないよう手厚めに。

また、親の家に住むつもりでも、親の相続時に、兄弟姉妹で遺産分割のために家を処分したり、親が「リバースモーゲージ」(P.18、1番上の囲みを参照) を利用したりすると、自分の"終の棲家"がなくなるリスクもあるので、親の意向は早めに確認しておきましょう。

●資金計画上でこれだけはチェックしておきたいポイント

住居費負担の軽い「今」、いかに貯蓄を築けるかが、老後生活安定のカギ！

✓	退職後の住まいはどうする？	・購入する　・借りる　・実家で暮らす

✓	退職後の住居費（月額）の予算[※1]は？	月額　　　万円

✓	老後の年金額[※2]は？	万円	12で割ると→	万円

✓	退職金の見込額[※3]は？	万円	300で割ると[※4]→	万円

※1：少額で済んでいたこれまでと異なり、退職後は住居費アップの可能性大。いくらくらい出せそうか予算のイメージを持っておこう。
※2：年金額は「ねんきん定期便」をもとに「ねんきんネット」などで調べられる。P.52を参照。
※3：退職金の見込額は、「会社諸規定」「就業規則」などに載っていることが多い。会社の先輩に聞くのも手。
※4：退職金を300で割るのは、12か月×25年＝300のため。65～90歳までの25年間について、月々の不足額が退職金でどれくらいカバーできそうか、イメージをつかむために計算しておこう。

Nパターン　今の社宅や実家暮らしから脱却する

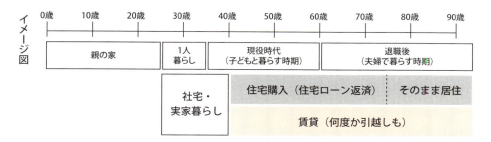

●住宅資金を抑えるためのワンポイントアドバイス

社宅や実家暮らしで、これまで住まいにあまりお金がかかってこなかった分、社宅や実家暮らしから脱却した際に、住宅資金の負担の大きさは相当重くなります。いつか出る、とわかったら、新居の家賃や住宅ローン返済の想定額を、「つもり預金」で取り分ける習慣をつけておくのがお勧めです。

たとえば、毎月10万円を住宅資金として取り分けられたら1年間で120万円分を、賃貸時の初期費用や、購入時の頭金に充てられます。また、新居での住宅資金のやりくりへの不安が解消できるので安心です。

●特に気をつけておきたい留意点

社宅から退去するという人も、実家から独立するという人も、その決断の時期がおおむね30代後半〜40代という傾向があります。新しい住まいを検討する年齢が遅めのため、家を購入するなら「終の棲家」の視点で探すことも重要。毎月返済額を抑えるために35年返済にすると、住宅ローン返済が70代までずれこみがちなので注意。

●資金計画上でこれだけはチェックしておきたいポイント

住宅購入の完済が退職後までずれこむ場合は、やりくりが可能か十分吟味を！

- ✓ 新居の1か月当たりの住宅資金予算は？
  （→購入する場合は第4章で購入予算の見当をつけておこう）
  月額　　　万円

- ✓ 「つもり預金」は必須。
  引越しまでに貯められる金額は？
  毎月　　　万円

- ✓ 老後の年金額[1]は？　　万円　　12で割ると→　　万円

- ✓ 退職金の見込額[2]は？　　万円　　300で割ると[3]→　　万円

[1]：年金額は「ねんきん定期便」をもとに「ねんきんネット」などで調べられる。P.52を参照。
[2]：退職金の見込額は、「会社諸規定」「就業規則」などに載っていることが多い。会社の先輩に聞くのも手。
[3]：退職金を300で割るのは、12か月×25年＝300のため。65〜90歳までの25年間について、月々の不足額が退職金でどれくらいカバーできそうか、イメージをつかむために計算しておこう。

シングルでの購入は「マンション詐欺」に注意

　ここ数年、婚活サイトなどで知り合った相手から、将来のための財産形成や資産運用を口実にマンションを購入させられたという、次のような相談が各地の消費生活センターに寄せられています。

- 婚活サイトで知り合った男性とデートを繰り返し「税金対策」「年金代わり」「個人的に面倒をみる」等と言われてマンションを契約、その後音信不通に
- 結婚の約束までした男性から勧められ、よくわからないままマンションを契約。解約を迷っている間にクーリング・オフ期間が経過、男性とは疎遠に
- 婚活パーティーで親しくなった女性に勧められ、マンションを相場より高く買わされた
- 婚活サイトで知り合った男性を信じて「将来のために」とマンションを購入したとたん連絡が途絶えた。売却したいが市場価値は半値に

　恋愛感情や結婚への期待などから、詐欺に気がつくのが遅れがちになるため、クーリング・オフなどを用いた解約が困難となっているケースが目立っています。
　マンションは言うまでもなく、契約金額も経済的負担も大きい上に、金銭面のみならず、手口に気づいたあとの精神的なダメージも相当なものになります。特に、住宅ローンの審査に通りやすい会社員はターゲットになりやすいので、十分ご留意を。

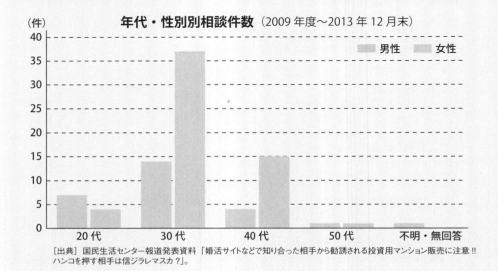

[出典] 国民生活センター報道発表資料「婚活サイトなどで知り合った相手から勧誘される投資用マンション販売に注意!! ハンコを押す相手は信ジラレマスカ？」。

第2章

住まい計画を
ライフプラン表で
検証してみよう！

ライフプラン表を書いてみよう

- ☐ 手を動かしてライフプラン表を書いてみるとさまざまな気づきがあります
- ☐ ライフプラン表は、将来にわたる収支のトレンドを見るために作成します
- ☐ 連続で赤字になる頃合いへの対策を、早めに講じる材料にしましょう

まずは実際に書くことが重要

　第1章で、人生を通して家との関わり方のイメージが見えてきたら、次のページの表1-1にあるようなライフプラン表を書いてみるのがお勧めです。

　「書くのは面倒くさいなぁ」と思うかもしれませんが、セミナーや個別相談で、実際に書いてみた人に聞くと、「書かなければ気がつかなかったことがたくさんある」という声が多いです。この章では、5つのステップに分けて詳しく書き方を説明しますので、時間を見つけて書いてみてはいかがでしょうか。なお、40年分の記入例はP.34〜37に、実際に記入できるシートはP.38〜41に掲載しています。また、翔泳社のサイトからは、物価上昇率が含まれ、自動的に年齢が推移するエクセルデータがダウンロードできます（P. VIを参照）。

【ステップ1】家族の年齢を書き出してみよう

　手始めは、家族の年齢を書き出すことです。まず、家族全員の名前と現在の年齢を書き記します。そして、1年後、2年後……と年齢を一つずつ推移させていきましょう。親も、同居しているか否かにかかわらず、忘れずに書き出すのがポイント。住宅ローンは最長35年返済ですので、できれば40年程度は書き出すとわかりやすいです。

　たとえば、「子どもが独立したら、親元に戻ってもいいかなぁ」と漠然と考えてみても、実際に年齢を書き出してみると、子どもの教育費のピークに親の介護が重なる可能性がかなり高いなど、大事なことが見えてきます。今は、子どもと親の両方の面倒を同時期にみるダブルケアをする40〜50代が増えていますので、人ごとではありません。住まいのあり方を再検討する材料にしましょう。

［表1-1］ ライフプラン表（記入例）

続柄	氏名	現在 2019	1年後 2020	2年後 2021	3年後 2022	4年後 2023	5年後 2024	6年後 2025	7年後 2026
本人	春樹	33	34	35	36	37	38	39	40
妻	夏子	32	33	34	35	36	37	38	39
長男	秋生	2	3	4	5	6	7	8	9
長女	冬美	0					5	6	7
父	北男	72					77	78	79
母	東子	63	64	65	66	67	68	69	70
義父	西雄	66	67	68	69	70	71	72	73
義母	南子	59	60	61	62	63	64	65	66

【ステップ1】 家族の年齢を書き出す→P.26へ

ライフイベント

- 子どもの進学
- 親の長寿祝い
- 住宅購入
- 車の買い替え
- 家族旅行 など

現在	1年後	2年後	3年後	4年後	5年後	6年後	7年後
長女誕生	住宅購入・義母還暦	車の買い替え	義父古希	父喜寿	長男小学校入学 / 家族旅行		長女小学校入学・家族旅行・父傘寿

【ステップ2】 ライフイベントを書き出す→P.28へ

年間収入

	現在	1年後	2年後	3年後	4年後	5年後	6年後	7年後
（春樹）の収入	380	380	380	380	380	400	400	400
（夏子）の収入	230					250	250	250
その他・一時的な収入						30	30	30
収入合計（A）	610	640	640	640	640	680	680	680

【ステップ3】 年間収入を書き出す→P.29へ

年間支出

	現在	1年後	2年後	3年後	4年後	5年後	6年後	7年後
基本生活費	300	300	300	300	300	300	300	300
車両関係費	20	20	20	20	20	20	20	20
住宅資金　家賃・ローン返済額	120	130	130	130	130	130	130	130
住宅資金　維持費						30	30	30
教育資金　（秋生）	40					35	35	35
教育資金　（冬美）	40	40	40	40	90	30	30	35
保険料	30	40	40	40	40	40	40	40
その他・一時的な支出		300	150		20	20		20
支出合計（B）	550	900	740	590	600	605	585	610

【ステップ4】 年間支出を書き出す→P.30へ

	現在	1年後	2年後	3年後	4年後	5年後	6年後	7年後
年間収支（A−B）	60	−260	−100	50	40	35	55	30
貯蓄残高	400						220	250

【ステップ5】 年間収支と貯蓄残高を計算する→P.32へ

第2章　住まい計画をライフプラン表で検証してみよう！

【ステップ２】ライフイベントを洗い出してみよう

　次に書き出すのは、家族のイベントです。「特に思いつかない」という人も、退職の時期のほか、家族の年齢などから暮らしのふし目を書き出してみてください。たとえば、子どもの進学のタイミングや、車・家の購入時期、家族旅行などなら書けるのではないでしょうか。特に、お金がからむイベントは意識して書いておきましょう。

　なお、子どもの進学年齢は、４〜12月生まれであれば、小学校入学は７歳になります。祖父母の長寿のお祝いもイベントとして書いておくと安心です。

【ステップ２】「ライフイベント」欄の記入例

家族の名前		現在	１年後	２年後	３年後	４年後	５年後	６年後	７年後
続柄	氏名	2019	2020	2021	2022	2023	2024	2025	2026

ライフイベント								
・子どもの進学 ・親の長寿祝い ・住宅購入 ・車の買い替え ・家族旅行 　　　　　など	長女誕生	住宅購入・義母還暦	車の買い替え	義父古希	父喜寿	長男小学校入学・家族旅行		長女小学校入学・家族旅行・父傘寿

ご参考

● 子どもの進学年齢（年末時点）

	幼稚園 （３年保育の場合）	小学校 （６年間）	中学校 （３年間）	高校 （３年間）	大学 （４年間）	就職
遅生まれ （４〜12月生まれ）	４歳	７歳	13歳	16歳	19歳	23歳
早生まれ （１〜３月生まれ）	３歳	６歳	12歳	15歳	18歳	22歳

● 長寿のお祝い（主なもの）

	61歳 （満60歳）	70歳 （満69歳）	77歳 （満76歳）	80歳 （満79歳）	88歳 （満87歳）	90歳 （満89歳）	99歳 （満98歳）	100歳 （満99歳）
お祝い名称	還暦	古希・古稀	喜寿	傘寿	米寿	卒寿	白寿	百寿

【ステップ3】 「年間収入」の見通しを立てよう

　では、いよいよ、収入の見通しを書き込みます。まず、「現在」の欄に、昨年の収入をベースにした金額を書き込みます。ここで気を付けたいのは、「手取り収入」を書くことです。税込み年収（いわゆる年収。給与明細の額面）ではない点に注意してください。

　"手取り"は、勤務先が源泉徴収をする税金（所得税＋住民税）や社会保険料（厚生年金保険料＋健康保険料）、雇用保険料などを差し引いた金額のことです。自分の給与明細から算出できます。給与明細の中で、自分の裁量で自由になるお金（財形や社内預金を含む）と考えるとよいでしょう。

　個々のご家庭の状況で少しぶれるのですが、ざっくりした手取りの目安は「年収×0.8」程度の額になります。

　翌年以降の年収は、正直なところ誰にもわからないので、今と同額か、表計算ソフトでライフプラン表を作る場合は数パーセントずつアップさせてもよいかもしれません。10年で100万円アップなど、職場の先輩の給与イメージで書いてみるとよいでしょう。

【ステップ3】「年間収入」欄の記入例

家族の名前		現在	1年後	2年後	3年後	4年後	5年後	6年後	7年後
続柄	氏名	2019	2020	2021	2022	2023	2024	2025	2026

昨年の手取り収入を記入

		現在	1年後	2年後	3年後	4年後	5年後	6年後	7年後
年間収入	（春樹）の収入	380	380	380	380	380	400	400	400
	（夏子）の収入	230	230	230	230	230	250	250	250
	その他・一時的な収入		30	30	30	30	30	30	30
収入合計（A）		610	640	640	640	640	680	680	680

ご参考

●年収（額面）と手取りの目安

年収	手取り	年収	手取り	年収	手取り
300万円	240万円	900万円	650万円	1,500万円	1,010万円
400万円	310万円	1,000万円	720万円	1,600万円	1,060万円
500万円	390万円	1,100万円	780万円	1,700万円	1,110万円
600万円	460万円	1,200万円	840万円	1,800万円	1,150万円
700万円	530万円	1,300万円	900万円	1,900万円	1,200万円
800万円	590万円	1,400万円	950万円	2,000万円	1,250万円

第2章　住まい計画をライフプラン表で検証してみよう！

就労収入以外でもらえるお金があれば、「その他・一時的な収入」の欄を利用してください。子どもの児童手当や、住宅ローン控除の還付金など、思いつくものを書く欄としてお使いください。

基本姿勢としては、「年間収入」は少なめに、そして、このあとの「年間支出」は厳しめの数字で書いておくと、楽観的な数字にならないのでお勧めです。

数字は計算しやすいように、ざっくりまとめた数字で。「そんなにアバウトでよいの？」と思うかもしれませんが、現在の数字をもとに推移させるこのライフプラン表は、もともと来年の数字すらも正しいかどうかさだかでないことからわかるように、厳密な未来予想図ではないのです。大事なことは、今後の全体のトレンドをつかむことで、継続的な赤字が発生しないか確認し、その対処法を今から探ることにあります。そのため、ざっくりどんぶり勘定な数字での記入で OK です。

【ステップ４】 「年間支出」を書き出そう

続いて、家計支出を書き出します。まず、「車両関係費」「住宅資金」「教育資金」「保険料」などの固定支出から手を付けると、書きやすいでしょう。

【ステップ４】「年間支出」欄の記入例

家族の名前		現在	1年後	2年後	3年後	4年後	5年後	6年後	7年後
続柄	氏名	2019	2020	2021	2022	2023	2024	2025	2026
収入合計（A)		610	640	640	640	640	680	680	680
年間支出	基本生活費			300	300	300	300	300	300
	車両関係費		20	20	20	20	20	20	20
	住宅資金 家賃・ローン返済額	120	130	130	130	130	130	130	130
	住宅資金 維持費		30	30	30	30	30	30	30
	教育資金（秋生）	40	40	30	30	30	35	35	35
	教育資金（冬美）	40	40	40	40	30	30	30	35
	保険料	30	40	40	40	40	40	40	40
	その他・一時的な支出		300	150		20	20		20
支出合計（B)		550	900	740	590	600	605	585	610

> まずは、この項目を埋める

基本生活費は、実は、本人の意識と実態が大きくずれる支出です。理由はクレジットカードなどの利用で、実際には支出額が大きいのにもかかわらず、少額と思って

いるケースが圧倒的に多いです。とはいえ、現在の欄に記入した数字をベースに収支を推移してみるので、最初の数字が現実と乖離していると非常にまずいです。

一番ぶれないのは、直近の1年間の貯蓄額から、使った額を逆算する次の図1-1の方法です。たとえば、「月々20万円でやりくりしている」というご家庭でも、年間の貯蓄額が60万円であれば、何かしら使っていて、基本生活費は300万円（月々25万円）かかっていると考えるべきです。使途不明金の探求は別の機会にして、まずは、基本生活費を含めた年間支出を書き出すことが大切です。

[図1-1] ブレない「基本生活費」の算出方法

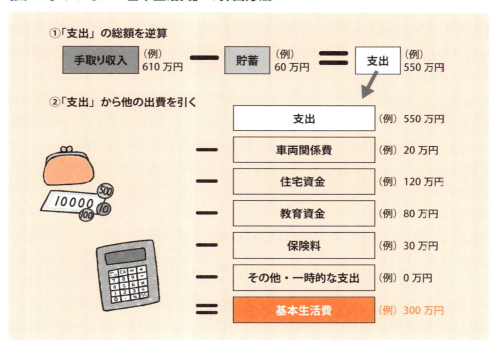

ご参考

●子どもの教育費（1年あたり） [単位：万円]

	幼稚園	小学校	中学校	高校	大学（初年度）	大学（2〜4年生）
公立	23	32	48	45	82	54
私立	48	153	133	104	133	108

※万円未満を四捨五入。大学の公立は、国立大学の数字。
[出典] 幼稚園〜高校は「子供の学習費調査」（平成28年度）、国立大学は「国公私立大学の授業料等の推移」（平成30年度）、私立大学は「私立大学等の平成29年度入学者に係る学生納付金等調査結果」、いずれも文部科学省。

「車両関係費」欄は、駐車場代、ガソリン代、車検代、保険代、税金など、車に関する出費の概算額を記入してください。

なお、「住宅資金」欄は、賃貸の人は現状の家賃（年額）を記入してください。更新年に、更新料（家賃の半月〜1か月分）がかかる場合は、その分も加味して記入しましょう。購入予定の場合は、とりあえず、家賃と同額〜1割増し程度の金額を「家賃・ローン返済額」欄に記入して、希望の返済期間（最長35年間）に推移させてみてください。もちろん、厳密に試算された住宅ローンの金額を書いてもかまいませんが、多くのご家庭で"家賃並み"の返済額になるような住宅ローンの組み方をしますので、そう大きくは外れない結果になります。維持費については、家を購入すると、固定資産税・都市計画税、マンションの管理費・修繕積立金、戸建てのリフォーム代などがかかりますので（物件ごとで異なる）、まずは年間30万〜50万円程度を見込んでおくと安心です。

「教育資金」に関しては、ご希望の進路が確定していて金額もわかっている場合はその額を記入してください。よくわからない場合は、前ページの表「子どもの教育費（1年あたり）」の平均データをもとに、希望の進路に合わせて10万円単位など丸めた数字で記入すると、金額を合計する際に計算しやすいです。

【ステップ5】 「年間収支」と「貯蓄残高」を計算

最後に、「年間収支（A－B）」欄と「貯蓄残高」欄を埋めましょう。貯蓄残高は、前年の貯蓄残高に今年度の「年間収支（A－B）」の額を加えたものになります。

このような手順で、今後40年分のライフイベント表を作成してみてください。

作成見本はP.34〜37に、記入フォームはP.38〜41に掲載してあります。

収入合計(A)	610	640	640	640	640	680	680	680

支出合計(B)	550	900	740	590	600	605	585	610
年間収支(A－B)	60	-260	-100	50	40	75	95	70
貯蓄残高	400	140	40	90	130	205	300	370

今すぐできる家計の見直しQ＆A

P.31で算出した「基本生活費」を見て、「こんなに使っていないはず！」と思った人は、家計に"隠れ肥満"が多いかも。これを機会にうまくダイエットしてみては。

Q1 家計の見直し、何から手を付ければよい？

A 自分で把握しているつもりでも忘れがちなのは、カードに関連する支出です。まずは、クレジットカードと電子マネーの明細チェックから始めてみてはいかがでしょうか。電鉄系の電子マネーの利用明細は、駅の券売機で簡単に印刷できます。最近は、他人がカードをスキミングして利用しているケースも散見されるので、カードの支払いの中に心当たりがない支出がないかの確認も。
家計の見直しの第一歩は、使途不明金の撲滅から。そして、多くのご家庭で、カードが使途不明金の温床になっています。この明細チェック作業だけでも、無駄遣いを減らす心理的な効果があり、不思議と家計は引き締まっていきます。

Q2 家計簿って、やっぱり付けなきゃダメ？

A 付けなくても大丈夫です。ただし、実際にいくら使っていて、いくら貯蓄に回せているのか、つまり、P.31の「基本生活費」の把握はしておきたいところです。月に1回それらを計算して記録しておくと安心です。難しい場合は、毎月と年間の貯蓄額の記録から始めるのがお勧めです。
逆に家計簿を付けていても、付けているだけではダメ。家計改善につなげて、はじめて家計簿は活きるものです。最近は、スマートフォンで写真を撮るだけで家計簿ができるアプリなどもありますので、好みに合うものがあれば利用してみても。

Q3 本格的に家計を見直すなら、何から始める？

A 固定費の見直しから手を付けると、簡単に家計を改善できます。たとえば、保険料が割安な保険に切り替えたり、格安スマホにして通信料を抑えるなど、一度プランを見直すだけで、効果は来月も再来月もずっと続きます。食費などの流動費の見直しは、手間がかかりストレスも伴うので、まずは、固定費からスタートを。

Q4 夫婦で家計をオープンにすべき？

A 夫婦共働きのご家庭ではお互いのお金の使い道はノータッチということもありがちです。しかし、オープンにすると家計は劇的に改善されます。どうしても難しい場合は、当座、お互いの貯蓄ノルマを増やすことで対応し、各自の内訳には触れないという選択をするご家庭が増えています。

40年分のライフプラン表（記入例）／前半

家族の名前		現在	1年後	2年後	3年後	4年後	5年後	6年後	7年後	8年後
続柄	氏名	2019	2020	2021	2022	2023	2024	2025	2026	2027
本人	春樹	33	34	35	36	37	38	39	40	41
妻	夏子	32	33	34	35	36	37	38	39	40
長男	秋生	2	3	4	5	6	7	8	9	10
長女	冬美	0	1	2	3	4	5	6	7	8
父	北男	72	73	74	75	76	77	78	79	80
母	東子	63	64	65	66	67	68	69	70	71
義父	西雄	66	67	68	69	70	71	72	73	74
義母	南子	59	60	61	62	63	64	65	66	67
ライフイベント ●子どもの誕生・進学 ●住宅購入 ●車の買い替え ●親の長寿祝い ●家族旅行 など		冬美誕生	住宅購入・南子還暦・秋生七五三・住宅ローン控除	車の買い替え	西雄古希・秋生と冬美七五三	北男喜寿	秋生小学校入学	東子古希	冬美小学校入学と七五三・北男傘寿	
年間収入	（春樹）の収入	380	380	380	380	380	380	380	380	380
	（夏子）の収入	230	230	230	230	230	230	230	230	230
	その他・一時的な収入		30	30	30	30	30	30	30	30
収入合計（A）		610	640	640	640	640	640	640	640	640
年間支出	基本生活費	300	300	300	300	300	300	300	300	300
	車両関係費	20	20	20	20	20	20	20	20	20
	住宅資金 家賃・ローン返済額	120	130	130	130	130	130	130	130	130
	住宅資金 維持費		30	30	30	30	30	30	30	30
	教育資金（秋生）	40	40	30	30	30	35	35	35	35
	教育資金（冬美）	40	40	40	40	30	30	30	35	35
	保険料	30	40	40	40	40	40	40	40	40
	その他・一時的な支出		300	150		20	20		20	20
支出合計（B）		550	900	740	590	600	605	585	610	610
年間収支（A−B）		60	-260	-100	50	40	35	55	30	30
貯蓄残高		400	140	40	90	130	165	220	250	280

第2章　住まい計画をライフプラン表で検証してみよう！

［収入・支出・貯蓄の単位：万円］

9年後	10年後	11年後	12年後	13年後	14年後	15年後	16年後	17年後	18年後	19年後
2028	2029	2030	2031	2032	2033	2034	2035	2036	2037	2038
42	43	44	45	46	47	48	49	50	51	52
41	42	43	44	45	46	47	48	49	50	51
11	12	13	14			17	18	19	20	21
9	10	11					16	17	18	19
81	82	83					88	89	90	91
72	73	74					79	80	81	82
75	76	77	78			81	82	83	84	85
68	69	70	71	72	73	74	75	76	77	78
	南子古希・西雄喜寿・住宅ローン控除終了	秋生中学校入学	車の買い替え	冬美中学校入学・東子喜寿・西雄傘寿	秋生高校入学	北男米寿	冬美高校入学・秋生の学資保険満期・東子傘寿	秋生大学入学・南子喜寿・北男卒寿		冬美大学入学・家族旅行
380	480	480	480	480	480	480	480	480	480	480
230	330	330	330	330	330	330	330	330	330	330
30	30						200			
640	840	810	810	810	810	810	1,010	810	810	810
300	300	300	300	300	300	300	300	300	300	300
20	20	20	20	20	20	20	20	20	20	20
130	130	130	130	130	130	130	130	130	130	130
30	30	30	30	30	30	30	30	30	30	30
35	35	50	50	50	110	110	110	140	110	110
35	35	35	35	50	50	50	110	110	110	140
40	40	40	40	40	40	40	40	40	40	40
	40	150		40			20	20	40	50
590	590	645	755	620	720	680	760	790	780	820
50	250	165	55	190	90	130	250	20	30	-10
330	580	745	800	990	1,080	1,210	1,460	1,480	1,510	1,500

子どもの教育のピーク（高校・大学）の時期に、親の介護が重なる可能性も！

後半につづく

40年分のライフプラン表（記入例）／後半

家族の名前		20年後	21年後	22年後	23年後	24年後	25年後	26年後	27年後	28年後
続柄	氏名	2039	2040	2041	2042	2043	2044	2045	2046	2047
本人	春樹	53	54	55	56	57	58	59	60	61
妻	夏子	52	53	54	55	56	57	58	59	60
長男	秋生	22	23	24		26	27	28	29	30
長女	冬美	20	21			25	26	27	28	
父	北男	92	93			97	98	99	100	
母	東子	83	84			88	89	90	91	
義父	西雄	86	87	88	89	90	91	92	93	94
義母	南子	79	80	81	82	83	84	85	86	87

子ども独立のころに親世代は全員80歳以上

ライフイベント	20年後	21年後	22年後	23年後	24年後	25年後	26年後	27年後	28年後
●子どもの誕生・進学 ●住宅購入 ●車の買い替え ●親の長寿祝い ●家族旅行 など	南子傘寿	秋生就職・西雄米寿	車の買い替え	冬美就職・西雄卒寿	東子米寿		秋生結婚・東子卒寿・北男白寿	春樹退職・北男百寿	夏子退職・冬美結婚・南子米寿

年間収入

	20年後	21年後	22年後	23年後	24年後	25年後	26年後	27年後	28年後
（春樹）の収入	480	480	480	480	480	480	480	1,500	180
（夏子）の収入	330	330	330	330	330	330	330	330	1,000
その他・一時的な収入									
収入合計（A）	810	810	810	810	810	810	810	1,830	1,180

年間支出

		20年後	21年後	22年後	23年後	24年後	25年後	26年後	27年後	28年後
	基本生活費	300	300	300	300	300	300	300	300	300
	車両関係費	20	20	20	20	20	20	20	20	20
住宅資金	家賃・ローン返済額	130	130	130	130	130	130	130	130	130
	維持費	30	30	30	30	30	30	30	30	30
教育資金	（秋生）	110								
	（冬美）	110	110	110						
	保険料	40	40	40	40	40	40	40	40	
	その他・一時的な支出		20	170		20	20	200	20	200
支出合計（B）		740	650	800	520	540	540	720	540	680
年間収支（A−B）		70	160	10	290	270	270	90	1,290	500
貯蓄残高		1,570	1,730	1,740	2,030	2,300	2,570	2,660	3,950	4,450

［収入・支出・貯蓄の単位：万円］

第2章　住まい計画をライフプラン表で検証してみよう！

29年後	30年後	31年後	32年後	33年後	34年後	35年後	36年後	37年後	38年後	39年後
2048	2049	2050	2051	2052	2053	2054	2055	2056	2057	2058
62	63	64	65	66	67	68	69	70	71	72
61	62	63	64	65	66	67	68	69	70	71
31	32	33	34	35	36	37	38	39	40	41
29	30	31	32	33	34	35	36	37	38	39
101	102	103	104	105	106	107	108	109	110	111
92	93	94	95	96	97	98	99	100	101	102
95	96	97	98	99	100	101	102	103	104	105
88	89	90	91	92	93	94	95	96	97	98
	南子卒寿		車の買い替え・西雄白寿	西雄百寿		東子白寿	住宅ローン完済・東子百寿	免許返上		南子白寿
180	180	180	180	180	180	180	180	180	180	180
120	120	120	120	120	120	120	120	120	120	120
							200			
300	300	300	300	300	300	300	500	300	300	300
300	300	300	300	300	300	300	300	300	300	300
20	20	20	20	20	20	20	20	20		
130	130	130	130	130	130	130	130			
30	30	30	30	30	30	30	30	30	30	30
20			20	150						50
500	480	500	630	480	480	480	480	350	330	380
-200	-180	-200	-330	-180	-180	-180	20	-50	-30	-80
4,250	4,070	3,870	3,540	3,360	3,180	3,000	3,020	2,970	2,740	2,860

40年分のライフプラン表／前半

家族の名前		現在	1年後	2年後	3年後	4年後	5年後	6年後	7年後	8年後
続柄	氏名									
ライフイベント	●子どもの誕生・進学 ●住宅購入 ●車の買い替え ●親の長寿祝い ●家族旅行 など									
年間収入	（　　　）の収入									
	（　　　）の収入									
	その他・一時的な収入									
収入合計（A）										
年間支出	基本生活費									
	車両関係費									
	住宅資金 家賃・ローン返済額									
	住宅資金 維持費									
	教育資金 （　　　）									
	教育資金 （　　　）									
	保険料									
	その他・一時的な支出									
支出合計（B）										
年間収支（A－B）										
貯蓄残高										

●ライフプラン表は翔泳社のサイトからダウンロードできます。
詳しくは P.VIを参照。

第2章　住まい計画をライフプラン表で検証してみよう！

9 年後	10年後	11年後	12年後	13年後	14年後	15年後	16年後	17年後	18年後	19年後

後半につづく

40年分のライフプラン表／後半

家族の名前		20年後	21年後	22年後	23年後	24年後	25年後	26年後	27年後	28年後
続柄	氏名									
ライフイベント	●子どもの誕生・進学 ●住宅購入 ●車の買い替え ●親の長寿祝い ●家族旅行 など									
年間収入	（　　　）の収入									
	（　　　）の収入									
	その他・一時的な収入									
収入合計（A）										
年間支出	基本生活費									
	車両関係費									
	住宅資金 家賃・ローン返済額									
	住宅資金 維持費									
	教育資金 （　　　）									
	教育資金 （　　　）									
	保険料									
	その他・一時的な支出									
支出合計（B）										
年間収支（A−B）										
貯蓄残高										

29年後	30年後	31年後	32年後	33年後	34年後	35年後	36年後	37年後	38年後	39年後

第2章　住まい計画をライフプラン表で検証してみよう！

「ライフプラン表」は
書いたあとが大事！

☐ 住宅資金がいかに大きいか、実感することが大切です
☐ 深刻な赤字が続く時期の確認と、対策の検討が重要です
☐ 今後の住まいのあり方・資金計画を再検討する材料に

ライフプラン表を書いてみてわかること

　第1章で探った家との付き合い方をもとに、第2章ではライフプラン表を書いてみました。自分の収入と、その使い道を整理してみると、いかに「住宅資金」の占める割合が大きいかがわかりますね。

　書き終えたライフプラン表を見て、深刻な赤字が続く時期がないか、まずは確認して、気づいたことを次ページの図2-1に記入してみてください。額の多寡はあまり気にしなくてもかまいません。

　たとえば、60～65歳の赤字続きは、雇用延長をしても収入が少なく、住宅ローン返済が家計を圧迫するせいかもしれません。そんなときは、これから住宅購入を検討するなら物件価格を下げたり、早めに繰上げ返済するといった対処方法を考えておくと、購入後の家計のやりくりの方針も見えてきますね。賃貸であれば、子どもが独立後はさっさと狭めの家賃負担の軽い物件に引っ越す、といった手もあります。

　あるいは、退職後に赤字が続くのは、家計支出が膨らみすぎていたり、ローン返済が退職後までずれこんでいたり、教育資金を出しすぎたせいかもしれません。これらは数十年後のずっと先のことですが、それまでのお金の出し方の積み重ねで生じる赤字なので、今から先々のお金のトレンドを見ておくことはとても参考になります。

　人生100年時代を生きるうえで、ライフプラン表の作成が将来の気づきになれば幸いです。なお、インターネットで同じようなライフプラン表（キャッシュフロー表）をエクセルで提供しているところもありますし、ファイナンシャル・プランナー（以下、FP）に相談すれば所得税や物価上昇率なども加味したシミュレーションをしてくれます。自分に合うやり方で、将来の見通しを立ててみていただけたらと思います。

［図 2-1］ ライフプラン表を作ったあとのメモ

連続で深刻な赤字になる時期　　　あり　・　なし
「あり」の人は、考えられる理由と対処法を記録しておこう！

［深刻な赤字になる時期］

　　　　年（　　　歳）〜　　　　年（　　　歳）

［考えられる理由］

［対処法］

　　　　年（　　　歳）〜　　　　年（　　　歳）

［考えられる理由］

［対処法］

　　　　年（　　　歳）〜　　　　年（　　　歳）

［考えられる理由］

［対処法］

第2章　住まい計画をライフプラン表で検証してみよう！

「ライフプラン表」を書いてみたけど、どうすればいいの？ Q&A

Q1 子どもが大学生になるタイミングで家計が赤字になりそう。対策は？

A まだ子どもが小さいなど、大学生になるまでに時間があるなら、積立預金や学資保険、つみたてNISAなどでまとまった貯蓄を築いておくと安心です。高校生などであまり時間がないなら、祖父母から贈与を受けられないか相談したり、国や地方公共団体、進路希望先の大学にある給付型奨学金（返済不要）を調べたり、日本学生支援機構の貸与型奨学金の情報を集めてみては。自宅から国公立大学へ通う分の学費は親が負担するけれど、それを超える分（私立に行く場合の差額分や、自宅外から通う際の下宿代）はアルバイトをして本人にまかなわせるなど、家庭内で話し合っておくことも大事です。

Q2 老後資金が足りなさそうで、不安です

A 老後資金が足りないとiDeCoやNISAなどでお金を"増やす"ことを考えがちですが、実は、もっと効果的なのは、日々の家計をキュッと引き締めることです。たとえば、P.34～37の例では、基本生活費として300万円（25万円／月）で計算しています。これを、仮に、月額3万円だけ引き締めて264万円（22万円／月）の家計にできれば、現在（33歳）から64歳までで3万円×12か月×31年間＝1,116万円も多く老後までに貯蓄を築くことができます。
加えて、住宅ローン完済後の家計収支を見ると、2057年の例では、収入合計300万円に対し、もともとは基本生活費300万円と住宅の維持費30万円の支出があるため、毎年30万円の貯蓄の取り崩しが続いていく見込みでしたが、月3万円引き締めた生活を続けていれば、収入合計300万円−基本生活費264万円−住宅の維持費30万円＝＋6万円に。コンパクトな家計にすることが老後を安定化させる近道です。

Q3 「賃貸」にするか「購入」にするか、やっぱり決められない…それじゃだめ？

A 家と恋愛は似ています。いいご縁があれば結婚（住宅購入）となりますが、今は生き方も自由な時代です。世の中や人の価値観に流されて無理をしても、あとで別れや離婚（売却）することもあります。第3章で賃貸、第4章で購入について、それぞれの魅力や留意点を紹介しています。それらを理解したうえで、今後の住まいの方向性を模索してみてはどうでしょうか。

第3章

「賃貸」の
メリット・デメリット

「購入」より「賃貸」がいい理由

☐ 気軽に手軽に自由に引越しできるのが「賃貸」の魅力です
☐ 日々の家計管理において、住居費のコントロールがしやすいです
☐ 隣近所の人間関係をあまり気にせず暮らせます

住まいに縛られない

　「賃貸」といえば、いつでも自由に引っ越しができるのが、最大の魅力です。「勤め先へのアクセスがより良いところに移りたい」「子どもの小学校の学区に合わせて住み替えたい」「もう少し広い（狭い）家に住みたい」「子どもが増えたので部屋数を増やしたい」「もう少し眺めの良いところに住みたい」「親の介護が必要になったので近くに引っ越したい」「戸建ての階段の上り下りがきつくなってきたのでマンションに移りたい」など、希望や必要に応じて気軽に引越しができます。これが、いったん「購入」してしまうと、自由気ままには引っ越しはできなくなります。

　また、「隣の人が感じ悪いので引っ越したい」といった理由が生じた際も、今の住まいに束縛されることなく移動できます。

日々の「住居費」をコントロールできる

　賃貸であれば、日々かかる住居費は家賃と更新料等だけ。家計支出の見通しが立てやすいメリットがあります。ちなみに、引越し当初には、敷金・礼金などのほか、不動産仲介業者にも家賃1か月分ほどの仲介手数料がかかる地域もあります。

　これが、購入となると、毎月の住宅ローン返済に加えて、維持費（固定資産税・都市計画税、マンションの管理費・修繕積立金等）も継続的にかかります。住宅ローン返済額は金利変動によって変わるタイプのものもあり、維持費も年々変わるため、時には家計を圧迫することもあります。なお、購入するための初期費用としては、頭金や諸費用（数十万～数百万円程度）としてまとまった現金が必要になります。

そして、給排水設備などの設備が壊れたときの修理費や、災害で被災したときの修繕費などが予期せず必要になったり、老朽化した際のリフォームの費用も念頭においておく必要があります。

このように、購入の際にかかるお金に比べて、金銭的な負担が少ないのが賃貸の大きな魅力です。もちろん、「もう少し家賃が安いところに住みたい」という希望も、制約なくかなえられます。

近所の人間関係をあまり気にしなくてよい

持ち家の人は基本的に必ず入る「町内会」ですが、賃貸であればそのわずらわしさはありません。町内のイベントや子ども・高齢者へのお祝い行事など、大好きな人ならかまわないのですが、あまり参加できなさそうなのが気になる人は、賃貸でいると気が楽です。

賃貸について教えて！ Q&A

Q 退去したいと思ったら何か月前に言えばいいですか？

A 一般的には、退去通知は退去日の1か月前といわれていますが、2か月前というケースもあり、契約書の「解約」欄で確認するのが確実です。解約の仕方も、書面でなど、解約の連絡方法に制限がある場合があります。

なお、退去時の家賃の清算については、日割り、月割り、半月割りなどがあり、たとえば月割りであれば、月の半ばでの退去でも1か月分の家賃全額がかかります。ゼロゼロ物件（P.55のQ2を参照）の場合に見かけることが多い「短期解約違約金」が設定されていると、1年未満の解約の場合は家賃1か月分の違約金を支払う、といったペナルティがあることも。要注意です。

「賃貸」に向く人

- □ 転勤などが多く、住むところが安定していない人は「賃貸」が無難です
- □ 収入やライフプランが不安定な人は「賃貸」で様子を見るのがお勧めです
- □ 大きな借金を背負いたくない人は「賃貸」のほうが心穏やかです

「賃貸」に向く人

①住む場所が確定していない

「10年で3か所など、勤め先は転勤が多い」「将来的に介護で親元に行く見通しがある」「今お付き合いしている人と将来的に一緒に暮らすかも」など住む場所がなかなか決まりにくい人は「賃貸」向きです。

年収の変動があると、手取りが安定しないため、住居費に回せる額が減った場合に対応が難しくなります。住居費負担が軽い物件に移りたいと思ったときに、「賃貸」であれば自由に引っ越すことができます。対して「購入」して住宅ローン返済を抱えることになれば、返済が滞って家計が破たんし、自己破産に至る危険性もあります。

②健康状態が思わしくない

健康状態があまりよい状況でないと、長期間にわたって高額な住居費を支払い続けることは難しくなります。実際問題として、健康でなければ住宅ローンは組めず、家を購入するのは難しい現状があります。なぜなら団体信用生命保険（P.116）にパスせず、住宅ローンの審査に落ちることはありがちだからです。体調が悪い間は、割り切って賃貸でいくことになります。

③大きな借金を背負いたくない

家は高い買い物なので、手持ちの現金で買える人は少なく、多くの人が住宅ローンを組みます。その額、数千万円。そんな大きな借金を抱えると、自由に転職できなくなり、仕事に縛られ、ストレスをためこみそう……という人は、賃貸のほうが、日々の精神安定につながります。いつかは買おうと思っている場合も、貯蓄を増やして住宅ローンの借入額を少額に抑えるなど、検討しておきたいところです。

一生「賃貸」は、あり?

- 年金収入からでも無理なく家賃を払えるなら「あり」です
- 50歳未満の人の「ねんきん定期便」では年金見込額はわかりません
- 年金見込額は「ねんきんネット」で試算することができます

退職後に無理なく家賃を払えるならOK

働いて収入を得ているときは、苦もなく家賃を払っていけますが、"一生"賃貸でいくとなると、1番大きな不安は、老後も払っていけるかどうかです。結論からいえば、退職して年金生活に入ったあとも無理なく家賃が払えるなら、一生賃貸でも基本的には大丈夫です。

[図 3-1] 月間支出の予算に合わせた住居費例

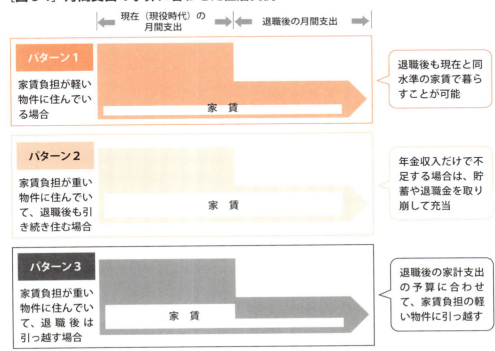

退職後の収入イメージをつかんで判断

　今現在の年金制度で、国が保証している老後の年金は、ざっくりいえば「現役時代の収入の 50% 水準」です。そのため、今借りている住まいをそのまま老後も住み続ける前提で、年金収入からでも家賃を支払っていけるかどうか、一度試算してみるのがお勧めです。

　まずは、現状の月間支出を次ページの図 3-2 に書き出し（STEP1）、その額を参考にして、65 歳ごろをイメージして退職後の月間支出の予想額①〜④を記入（STEP2）してみましょう。

　子どもが独立していれば①の教育費はゼロ、年金収入からの貯蓄は難しいので④もゼロ、となりそうです。住居費と生活費の②と③は基本的には今現在の額と同額ですが、旅行に頻繁に行ったり、住まいのグレードを変える予定がある場合は、その予想額を書き入れてみてください。

一生賃貸でOKか？　の判断方法

　退職後の収入を把握するためには、「ねんきん定期便」をもとにした自分の年金見込額を調べるのが早道です。「よく見かける、モデル世帯の年金見込額ではだめ？」と思うかもしれませんが、人それぞれで働き方も収入もまちまちなので、実際に試算してみると乖離した数字となるケースがほとんどです。P.52 に、自分の年金見込額の調べ方を紹介しましたので参考にしてください。

　図 3-2 で書き出した退職後の月間支出（①＋②＋③）が年金月額（⑥）でまかなえるなら、基本的には、一生賃貸でも OK ということに。まかなえない見通しであれば、退職後の住居費を抑えたり（家賃負担の軽いところに引っ越すなど）、退職金や貯蓄を取り崩すといった、何らかの工夫が必要に。

　その工夫の一つとして、まかなえないと判断し、一生涯の住居費を前倒しで払う意味合いで、退職前の完済を目指して住宅購入に踏み切った人も多く見かけます。賃貸を続けるうえで、貯蓄を毎月取り崩す必要があるなら、退職後 25 年分（65 〜 90 歳）を退職金やこれまでの貯蓄の取り崩しでまかなえるか、必ず試算しておきましょう。

[図 3-2]

「月間支出」編

【STEP 1】「現在」の月間支出を書き出そう

今現在の月間支出のうち、「教育費」「住居費」「貯蓄」をまず書き出そう。
それ以外の額を「生活費」として記入しよう。

教育費	住居費	生活費	貯蓄
万円	万円	万円	万円
（例: 3万円）	（例: 10万円）	（例: 10万円）	（例: 2万円）

【STEP 2】「退職後」の月間支出を予想しよう

子どもが独立していれば原則として「教育費」はかからない。年金収入から貯蓄できる人は少ないため、「住居費」と「生活費」をメインに予想額を書こう。

教育費	住居費	生活費	貯蓄
① 万円	② 万円	③ 万円	④ 万円
（例: 0万円）	（例: 10万円）	（例: 10万円）	（例: 0万円）

「月間収入」編

【STEP 3】「退職後」の月間収入を記入しよう

「ねんきん定期便」で、自分の年金見込額を試算しよう（調べ方は次のページ）。
65歳からの年金額を書き、それを12か月で割って、年金月額を記入しよう。

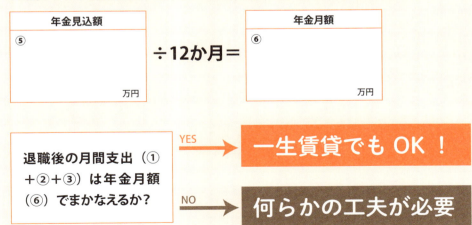

「ねんきん定期便」を使った年金見込額の調べ方

毎年誕生月に送られてくる「ねんきん定期便」（ハガキ）を開いて、中身を確認してみましょう。その時点で想定される将来の年金額が書かれています。

50歳未満ですか？ — NO →

YES ↓

現時点の状態のまま60歳まで年金加入を続け、60歳でやめた場合を想定した額が「ねんきん定期便」の裏面「3. 老齢年金の種類と見込額（年額）」欄に記載されています（2018年度の「ねんきん定期便」は、表面の2に記載）。これが年金見込額です。
「受給開始年齢」の行を見て「65歳〜」の列を確認し「**（1）と（2）の合計**」欄の数字を、前ページの図3-2の⑤に記入してください。

「ねんきん定期便」では、これまでの加入実績に応じた年金額の記載しかないため、今後の保険料納付も踏まえた将来の年金額を調べるために、次の①〜⑤の流れで**「ねんきんネット」で試算**しましょう。

● 「ねんきんネット」の利用登録に必要なもの3点
　●基礎年金番号※1　●電子メールアドレス　●アクセスキー※2

①
日本年金機構「ねんきんネット」にアクセス。
https://www.nenkin.go.jp/n_net/

②
画面右側の「ご利用登録はこちらから」の「新規登録」をクリックすると、日本年金機構「ねんきんネット（申請用トップページ）」になる。
https://www3.idpass-net.nenkin.go.jp/neko/Z06/W_Z0602SCR.do

③
このページで「ご利用登録（アクセスキーをお持ちの方）」をクリック。
情報を入力する。

④
入力した電子メールアドレスに「ユーザID確認用URL」が送付されてくる（即時）。メール内のリンクをクリックし、画面を開き、利用登録時に設定したパスワードを入力すると「ユーザーID確認」画面が表示される。

⑤ 日本年金機構「ねんきんネット」（https://www.nenkin.go.jp/n_net/）で、「年金見込額試算」[※3]を行う。その額をP.51の図3-2の⑤に記入する。

◆※1：基礎年金番号の調べ方

「年金手帳」や「年金証書」に記載されている番号です。大事な番号なので「ねんきん定期便」には記載されていません。

- 会社員の「年金手帳」や「年金証書」は、勤め先の総務関係の部署が預かっている場合もあります。その際は、「ねんきんネット」を使うために必要だという理由を伝えると教えてもらえます。
- 自営業の人は、国民年金保険料の口座振替通知書や納付書、領収証などにも記載されています。
- 「ねんきん定期便」を手元に用意して、「ねんきん定期便・ねんきんネット等専用ダイヤル」（0570-058-555）に電話すると、後日、基礎年金番号が記載された書類を郵送してもらえます。
- 「ねんきん定期便」を持参してお近くの年金事務所の窓口で相談すると、教えてもらえます。

◆※2：アクセスキーの調べ方

「ねんきん定期便」の裏面に記載されています。

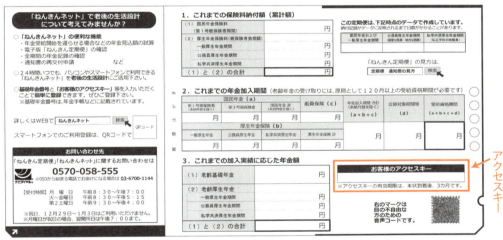

（注）上の画像は2019年度の「ねんきん定期便」です。

◆※3：「年金見込額試算」について

今後納める予定の保険料も加味した、将来受け取れる年金額は、「年金見込額試算」のページ（https://www.nenkin.go.jp/n_net/n_net/estimatedamount.html）で試算できます。

試算方法は「かんたん試算」「質問形式で試算」「詳細な条件で試算」の3とおりが用意されています。

「賃貸」よりも「購入」話が世にあふれている理由

- □ 国策として、政府が住宅の購入を後押ししています
- □ 売り主や仲介業者は"企業"で、戦略的に広告発信します
- □ 貸し主の多くは"個人"で、「賃貸」推奨の情報発信は消極的です

政府は、国策として住宅購入を後押し

世の中には、家を買うことを促す情報があふれています。雑誌は、購入有利をうたう記事が多く、毎年の税制改正大綱でも、住宅購入した人に住宅ローン控除などの恩恵を拡充することを取り上げている状況です。

はっきりいえば、国は消費者に家を買ってもらいたがっています。なぜなら、住宅購入すれば、新しい家具や家電を買い換えたり、引越し業者への発注が増えて、消費が刺激されるからです。景気回復のために消費を刺激して、各種の税制優遇を実施して住宅購入者に有利になるようにしむけているのです。

「購入有利」の情報は企業が発信

また、住宅が売れることによって儲かる企業が多いことも背景にあります。雑誌などに住宅購入の情報が多い理由は、"売り主"の企業が広告を出しているからです。住宅販売の広告を入れてもらっている雑誌は、「購入 VS. 賃貸」の記事で「賃貸有利」とするはずがありません。

また、売り主と買い主の間に立つ不動産会社や不動産販売業者も、家を買ってもらってはじめて利益が出るので、ウェブサイト等で購入に関する情報を数多く打ち出しています。

賃貸物件の貸し主の大半は民間

　一方、賃貸はというと、"貸し主"の大半は民間です。家を買ったものの転勤などで貸したり、サラリーマン大家をしてアパート経営する人もいますが、わざわざ購入と賃貸を比較して賃貸が有利だといった情報を打ち出したりはしないのが通常です。これが、「賃貸有利」よりも「購入有利」という情報が世の中にあふれている理由の一つです。そのため、自分にとって賃貸暮らしが合っているのかどうかは、自分で情報を調べて判断することが重要です。

賃貸について教えて！ Q＆A

Q1 家を借りるには、いくらお金が必要ですか？

A 一般に、家賃の5か月分が必要といわれています。家賃10万円の物件なら50万円ほどのイメージです。内訳は、以下のとおりです。

❶ **敷金**（家賃1か月分が目安）：部屋を退去するときに原状復帰して引き渡すための費用として、入居前にあらかじめ支払うお金。基本的には、退去時に原状回復にかかった費用（クリーニング代など）が差し引かれて、残りのお金は戻ってきます。

❷ **礼金**（家賃1か月分が目安）：部屋を貸してくれた大家さんへのお礼として支払います。敷金とは異なり、退去時に返金されることはありません。

❸ **前払い家賃**（1か月分）：賃貸では翌月分の家賃を前月に支払う決まりになっています。

❹ **仲介手数料**（家賃1か月分が相場）

❺ **保険、保証料、カギ交換料等**（トータルして家賃1か月分が目安）

その他、引っ越し代や家具・家電などの新生活費用も必要です。なお、関西エリアでは、敷金と似たような位置づけの「保証金」を支払う習慣も残っている所があります。

Q2 「ゼロゼロ物件」とは何ですか？

A 敷金・礼金がゼロ円の物件のことです。上のAの例でいえば、❶と❷が不要で、❸〜❺だけを支払うので、初期費用を安くできます。ただし、退去時のクリーニング代について敷金として事前に徴収していないため、金額の多寡でトラブルになることも。契約内容をしっかり確認したうえでの利用が安心です。

なお、大都市圏では、一人暮らし向けの部屋の約半分が、ゼロゼロ物件だといわれています。貸し手側とすれば長期間の空室は避けたいので、ピークのシーズン（新年度前後など）が過ぎたらゼロゼロ物件が目立って増えるようです。

高齢者が賃貸物件を借りるときの留意点

☐ 高齢者に貸すことはリスクが高い、と考える貸し主が多いです
☐ 貸し主が心配しているのは、病気による滞納と「孤独死」です
☐ 連帯保証人に加えて、保証会社の利用を求められることもあります

シニアの賃貸物件探しは大変！

　高齢の女性が住まい探しをしたものの、なかなか良い物件が見つけられないというシーンをテレビドラマなどで見かけますね。実際のところ、高齢になると賃貸物件は借りにくくなります。

　その理由の一つは「連帯保証人」です。日本で部屋を借りるときには、原則として老若男女問わず、誰かに連帯保証人をお願いする必要があります。この連帯保証人には一定の要件があるため、高齢者は探しにくい現状があるのです。

「連帯保証人」の要件

　連帯保証人は、何らかの問題を起こした場合に本人に代わって支払いをする人、つまり、借り主と同じ責任を負うことになる人のことです。借り主が家賃を支払わなかったときや設備を壊して弁償できない場合に、大家は連帯保証人に請求できます。

　そのため、賃貸の連帯保証人には、単に収入があればよいわけではなく、その物件の家賃に見合う支払い能力が求められます。年齢や勤務先、年収などを所定の書類に記入して、それを証明する書類や実印の印鑑登録証明書なども提出してもらう必要があります。となると、身内以外の人には頼みにくく、引き受け手もいなさそうです。

　このため、若い人が家を借りる際には、連帯保証人には現役で働いている親がなるのが一般的です。そして、逆に、高齢者の親が家を借りる場合は、就労収入のある子どもに頼むのが通常です。もしも、子どもを授からなかった場合には、甥や姪にお願いすることもありがちです。

高齢者は「家賃保証会社」を利用しても借りにくい

「保証会社というのがあるのでは？」と思った人もいるのではないでしょうか。借り主がもしも家賃を滞納した場合には、家賃保証会社が家賃を立て替えて支払ってくれます。もちろん、後日、保証会社から借り主に取り立てがきますが、滞納を理由にすぐ退去となることを防ぐことができます。

保証会社を利用するためには、契約時に家賃（管理費込み）の30％～1か月分と更新時に1万円程度といった費用がかかります（物件や保証会社によって異なります）。

保証会社を使えば、連帯保証人を不要にしてくれる物件は増えてきてはいますが、実は、借り主が高齢者の場合は、親族などの連帯保証人を立てたのにもかかわらず、それとは別に保証会社の利用を義務づけるケースが2010年ごろから増えています。

その理由は、高齢者に貸す際に抱える貸し主側の心配が、家賃の滞納への心配だけではないからです。高齢者は、長期間入院しがちなため家賃の滞納リスクも高まる印象があります。加えて、心配されているのは「孤独死」で、遺体の埋葬、荷物の処分、部屋のクリーニングなどをしないと次の借り手を見つけられず、かつ、以後の借り手の家賃を引き下げざるを得なかったり、借り手が見つからず無収入になるリスクもあるのです。そのため、ずっと賃貸でいく場合は根気よく探す努力が必要です。

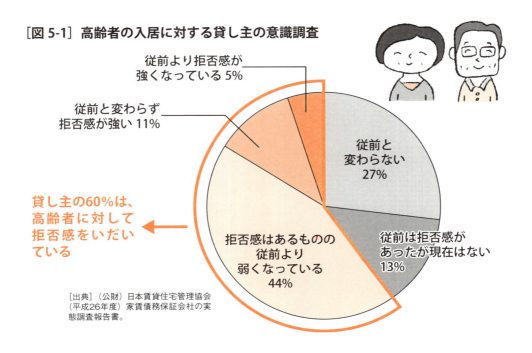

［図 5-1］ 高齢者の入居に対する貸し主の意識調査

- 従前より拒否感が強くなっている 5%
- 従前と変わらず拒否感が強い 11%
- 拒否感はあるものの従前より弱くなっている 44%
- 従前と変わらない 27%
- 従前は拒否感があったが現在はない 13%

貸し主の60％は、高齢者に対して拒否感をいだいている

［出典］（公財）日本賃貸住宅管理協会（平成26年度）家賃債務保証会社の実態調査報告書。

公営住宅・UR賃貸住宅の
概要と注意点

☐ 市営住宅や県営住宅は、低所得者向けの物件です
☐ UR賃貸住宅は、中〜高所得者を対象にしています
☐ UR賃貸住宅は、連帯保証人なしで入居できます

「公営住宅」への入居でも、基本的には連帯保証人が必要です

　「公営住宅」とは、所得の低い人を対象に、都道府県や市町村などの地方公共団体が運営する住宅です。市が管理する「市営住宅」のほか、「県営住宅」「都営住宅」などがあり、住宅に困窮する高齢者や障害者、一人親、子育て世帯には優先的に貸し出す自治体が多いです。公営住宅法に基づいて運営される住宅で、収入の少ない人でも払えるように家賃を低い額に抑えているのが特徴です。

　なお、少し紛らわしい名前で「都民住宅」と呼ばれる住宅がありますが、中堅所得者層向けの良質な賃貸住宅で、国と東京都から、建設資金、入居者の家賃負担軽減のための援助が行われたもので「都営住宅」とは別ものです。

「UR賃貸住宅」は収入要件に注意が必要

　さて、「UR賃貸住宅」は、公営住宅と同じようなものだと思っている人も少なくありませんが、かなり違います。かつては、公団住宅あるいは団地と呼ばれた公的賃貸住宅で、独立行政法人都市再生機構（UR都市機構）が中〜高所得者向けの住宅として提供しており、入居条件には収入の下限があります。つまり、低所得者向けの公営住宅とは位置づけが異なります。

　礼金なし、更新料なし、仲介手数料なしでハイスペックな住まいに住める点が大きな魅力です。一般の物件では礼金や更新料、さらに仲介手数料もかかるため、UR賃貸住宅はその分を分割して家賃に上乗せしているのではと思う人もいますが、近隣の

一般的な賃貸物件とさほど変わらない家賃水準という印象を持つ人が多いようです。家族向けに作られた団地を元にしているため、部屋が比較的大きく、施設のリノベーションや改築などの費用がかかっていることも関係しています。以前は抽選でしたが、現在は先着順で入居できます。入居時に必要となる初期費用は、家賃の2か月分の敷金と日割りの家賃、そして共益費です。

UR賃貸住宅と一般的な賃貸住宅や公営住宅との最も大きな違いは、"連帯保証人なし"で入れる点です。ただし、下記の所定の収入要件を満たす必要がある点に注意が必要です。

「UR賃貸住宅」に世帯で申込む場合の収入要件

> 申込本人の毎月の平均収入額が基準月収額（家賃の4倍または33万円。ただし家賃の額が20万円を超える住宅については40万円）以上である人、または貯蓄額が基準貯蓄額（家賃の100倍）以上ある人。
> 基準貯蓄額として家賃の100倍以上ない場合は、毎月の平均収入額が基準月収額の2分の1以上ある人に限り、家賃の50倍の貯蓄額があることで、申込み可能となる。

わかりにくいので具体的にいうと、家賃（月額）が7万円の物件なら、月収が28万円（7万円×4倍）あればOKということです。

では、年金生活に入って就労収入がなくなった場合はどうでしょうか。この例では、年金月額が28万円以上あれば入居できます。また、年金月額が家賃の4倍（この例では28万円）に満たない場合でも、その2分の1（この例では14万円）以上の年金月額がある人なら、350万円（家賃7万円×50倍）以上の貯蓄があれば入居できます。もしも、その2分の1（この例では14万円）に満たない場合でも、700万円（家賃7万円×100倍）以上の貯蓄があれば大丈夫ということに。逆にいえば、この要件を満たさなくなった段階で、UR賃貸住宅からは退去を求められます。

「連帯保証人が確保できなくなったらUR賃貸住宅に入ればいいや！」と安易に考えていると、いざ年金生活に入った際の収入要件にひっかかって、想定どおりにはいかない可能性も。UR賃貸住宅は、もともと、中流以上の就労収入がある人を対象にしたハイスペック住宅なので、連帯保証人なしで住めるメリットを享受するためには、そこそこの年金収入・貯蓄が必要であることを理解しておきたいところです。60歳以上の高齢者や障害者などの場合は特例があるので、気になる人は早めにUR営業センターなどで相談してみるとよいでしょう。

賃貸住宅の更新料って
払わなきゃいけないの？

　家を借りて2年がたったころ、このまま継続して住む場合に請求されるのが「更新料」ですね。家賃1か月分ほどの大金を請求されるので、慌てる人も少なくありません。

　実は、この更新料は、法律には特段の規定はなく、大都市圏など一部の地域などで古くからの慣習として支払ってきたお金です。多くの賃貸借契約書には、借り主が更新料を支払う旨の記載がありますので、賃貸借契約書にサインすると、更新料の支払いについて合意したものとみなされます。

　過度に高額であったり、著しく借り主に不利益な契約内容であったりする場合を除き、更新のときになって「聞いていない」「払わない」と主張しても基本的には通用しません。

　これまでも全国で裁判が行われてきましたが、2011年7月の最高裁判決により「更新料が高額すぎなければ有効」との判断が示されています。

　なお、最近では、更新料なしの物件も増えてきています。不動産会社で更新料なしの物件を希望している旨を伝えると、そうした物件をいくつも紹介してくれます。更新料の支払いについて負担感が大きいと感じる人は、視野に入れてみるのも一策です。

　ただし、更新料なしの物件の場合、毎月の家賃に少しずつ上乗せすることで、その分を補てんしている可能性があるといわれています。また、「更新手数料」「契約一時金」「退去負担金」など、別の名目の費用が生じるケースが散見されます。さらに、築年数や駅からの距離、設備のグレード、事故物件といった面で不人気な物件を更新料なしにしていることもあるようです。

　なぜ更新料がかからないのか、理由を推測し、納得できる物件かどうかを、内見時に確認したうえで、入居を決めるのが無難です。

第4章

「購入」の
メリット・デメリット

「賃貸」より「購入」がいい理由

- □ 「購入」の物件は、一般に、ハード面のクオリティが高めです
- □ 部屋数が多めの物件が「購入」では充実しています
- □ 退職までに完済すれば、老後の住居費負担を軽くできます

設備が充実していて、快適な暮らしが手に入る

　たとえば、壁の厚さ。賃貸なら、隣の家の水を流す音が聞こえたり、階上の子どもの走る音が聞こえることもありますが、「購入」では音が気にならない"造り"になっているのが一般的です。窓もペアガラスなど複層ガラスになっていて、室外からの寒さ暑さの影響を受けにくいことが多いです。

　賃貸でも、個人が転勤などで貸し出した物件を狙えば同様の満足を得られますが、家賃が高めになるのが通常です。賃貸物件は、できるだけコストをかけず造って割高な家賃で貸し出すことで利回りを上げているため、住まいの"造り"にあまりお金をかけない物件が多い点は理解しておきたいところです。

　広さの面では需要と供給の関係で、賃貸は1～2人暮らし用の物件が多く、購入は3LDKなどファミリータイプの物件が多いです。子どもの人数が増えてきて物件を探してみると、賃貸で部屋数が多い物件がそう多くはないことに気がつきます。

将来の住居費を先払いできる

　購入時に利用する住宅ローンは、最長35年という金融機関が一般的です。たとえば30歳で購入するなら、65歳までで住宅ローンは完済。あとは維持費（固定資産税・都市計画税、マンションなら管理費・修繕積立金、リフォーム代）だけなので、65歳以降にかかる住居費を大幅に少なくできます。

「購入」したほうが得な人

- □ 退職までのローン完済で、以後の住居費を軽くできます
- □ 金利優遇が受けられれば、ローン総額がお得になります
- □ ずっとシングルかもという人は、老後の住まい確保に役立ちます

退職までに住宅ローンを完済できる人

　同じ物件に住む場合、退職までに完済できるなら、「購入」したほうが「賃貸」で住むよりも一般的に有利です。賃貸はずっと家賃が発生するのに対し、購入では住宅ローンの完済後は維持費だけになるので、人生100年、もしくは、退職後25年（65〜90歳）などで比較すると、購入有利という結果になります。

今の収入が安定している人・貯蓄が潤沢な人

　今の勤め先の業績が順調で収入も安定している人は、住宅ローンを借りる際に、より低金利の金融機関の審査にパスできる可能性が高いです。割安な金利と有利な条件で住宅ローンを借りられます。

　また家を買うときに、物件価格の1〜2割以上の「頭金」を用意すると、住宅ローンの金利優遇が受けられる金融機関が複数あります。住宅ローンで借り入れる額自体が少なめで、おまけに、お得な金利で借りられるので、住宅ローンの毎月返済額を低く抑える効果があります。

「ずっとシングル」と覚悟を決めた人

　自分の希望するグレードの物件に老後も住みたいという希望のあるシングルの人は、家を現役時代に購入しておくことで住み続けられる安心感があります。連帯保証人（P.56）を探す必要もなく、家賃負担の面からも安心です。

「マンション」VS.「戸建て」買うならどっち？

- ☐ 立地の良さや快適性は一般にマンションのほうが高そうです
- ☐ ペットや暮らしの自由度の高さは、戸建てに分があります
- ☐ マンションのほうが突発的な支出が少ないです

資産価値や立地の良さを追求するなら駅近マンション

　個々の立地や物件にもよりますが、駅から近い土地は一般に地価が高いため、戸建てよりもマンションが造られるケースが多いです。そのため、駅近で便利な立地にこだわるなら、マンション物件が豊富です。

　なお、戸建て（木造）よりマンション（鉄筋コンクリート造）のほうが、建物の耐用年数が長いため、築年数が進んだ際の資産価値はマンションのほうが比較的維持されやすいのが通常です。

　ただし、駅から遠いなどアクセスが悪い物件の場合は、マンションも戸建ても資産価値は期待できにくい点は念頭においておきましょう。

風通しの良さや暮らしの自由度重視なら戸建て

　戸建てでは基本的にペットは自由に飼えますが、マンションの場合は飼える種類や大きさ等に制限があります。戸建てなら、子どもが走り回ってもピリピリしなくて済みますが、マンションの場合、床の厚い物件や1階の物件、階下が玄関や店舗の物件など、音が響くのを気にせずに済む物件を探す人もいます。

　家事のしやすさとしては、階段の上り下りがある戸建てよりも平面移動できるマンションに分がありそうです。

　なお、日当たりや風通しが気になる人は、戸建てのほうが一般に窓が多いので希望にかないそうです。マンションの場合は、窓が少なめでもリビングなどの窓枠が大き

く、たとえ北側で日当たりは今ひとつでも採光には力を入れている物件が増えています。また、機密性が高く断熱に力を入れており、空調を使うことで快適な温度調節が可能な物件が増えています。

防犯については、防犯カメラなどのセキュリティの関係で戸締りが大変な戸建てよりも、玄関一か所だけ施錠すれば出かけられるマンションのほうが安心感が高いです。

日々のコストはそれぞれに有利・不利あり

日々の光熱費は、窓が多く機密性が低い戸建てよりも、壁が多く断熱性の高いマンションのほうが負担が軽いのが通常です。インターネットやWi-Fiについて、今の新築マンションでは標準装備で無料または低コストのところが多いですが、戸建てで自分で引くと月額1万円はかかりそうです。

マンションでは、全体の外観部分の維持・管理のための費用は管理費・修繕積立金として毎月、強制的に徴収されますが、戸建ての外観部分（外壁や屋根など）のメンテナンスは必要に応じてその都度捻出するため、貯蓄にゆとりが必要です。なお、内装部分は、マンションも戸建ても自身の希望で随時費用がかかります。

また、大都市圏で車を持っている家庭なら、駐車場代がかからない戸建ては家計の強い味方に。

固定資産税は、新築マンションは5年間、木造2階建ての戸建てなら3年間、建物部分の減額措置があります。本来の固定資産税は土地が多い分だけ戸建ての負担が多いと思われがちですが、マンションでは全体の敷地面積を按分したり駅近で地価が高いこともあり、戸建てとマンションのどちらが高いか一概にはいえません。

[図3-1] 大都市圏では、マンションの7割は駅徒歩9分以内

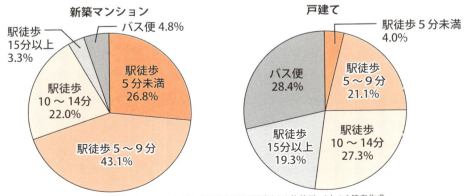

[出典] 不動産経済研究所「首都圏で2016年3月〜2017年3月に販売された物件データ」から筆者作成。

「新築マンション」VS.「中古マンション」買うならどっち？

- 言うまでもなく、中古マンションのほうが物件価格は割安です
- 立地重視なら中古も視野に入れると豊富な物件から選べます
- 新築マンションは税制優遇が充実しています

立地を重視するなら「中古マンション」が豊富

　住みたい地域や沿線、駅が決まっているなら、「新築マンション」だけでなく「中古マンション」まで視野に入れたほうが、物件数が圧倒的に豊富になります。たとえば、駅前はすでに開発されつくしているため、駅近の新築マンションを探すのはなかなか難しい状況です。

購入時のコストは「新築マンション」が有利

　新築物件よりも、中古物件のほうが価格も手頃で買いやすいイメージがありますが、トータルで安くなるとは限りません。たとえば、毎月支払う管理費・修繕積立金は年々アップするしくみなので、月額3〜5万円ほどかかる中古マンションもめずらしくありません。

　次ページの図4-1は、あるマンションの管理費・修繕積立金の推移を表したものですが、当初は1万円代後半でしたが、20年を過ぎたあたりから3万円台にアップしました。また、購入時に用意すべきお金は、中古マンションのほうが多くなりがちです。なぜなら、新築であれば売り主からの直接購入が主流ですが、中古となると不動産仲介業者を挟むため、仲介手数料が発生するからです。たとえば、3,800万円の物件であれば、消費税率が8％なら129万6,000万円（物件価格の3％＋6万円に消費税を加算）、10％なら132万円を不動産仲介業者に現金で支払うことになります。固定資産税や不動産取得税の減免措置も新築には用意されていますが、中古では基本的に受けられません。

[図 4-1] 年々増えていく管理費・修繕積立金の例

修繕積立基金（修繕積立金の前払いの位置づけ）として28万円を契約時に支払い済み

"もらえるお金"も「新築マンション」が有利

　家を買うことで"もらえるお金"として代表的なものに「住宅ローン控除（P.94）」がありますが、耐火建築物（マンションなど）は築25年以内、広さ50㎡以上（登記簿面積）という要件があります。「古いマンションを買ってリフォームしよう」という希望のある人は、あまり古すぎる物件を選ぶと、せっかくのお金を受け取れない可能性もあるので要注意です。

　なお、「すまい給付金（P.95）」の適用要件を見ると、新築なら対象になりやすいですが、中古で対象になる物件はわずかです。

中古マンションは「築年数」に留意

　新築よりも中古を買う理由は、言うまでもなく価格の安さです。低価格で買って、自分好みにリフォームしたりリノベーションするのも人気ですが、住宅の性能や耐震基準（P.120）などが異なるため、築年数があまり古くなりすぎない物件のほうが無難です。

　1981年や2000年といったポイントになる年より古くなるかどうかに留意しながら、銀行等の融資が受けられるかどうかも注意しておく必要があります。

子どもの予定がない夫婦が
買うなら、こんな物件

☐ 職場に近い、外出に便利など交通アクセスの良い立地に注目を
☐ 家で過ごす2人の時間をイメージした物件選びがお勧めです
☐ 住居費・生活費が膨らみすぎないよう留意が必要です

立地：交通アクセスの良さを重視

　子育て環境や子どもの学区などを気にしなくてよいため、2人の暮らしに便利な立地の視点で選ぶと、プライベートな時間や暮らしを大切にできます。

　特に大都市圏では、職住近接な物件を選ぶと結果的に、資産価値の高い物件になるケースが多いです。つまり、将来的に住み替えるにしても、貸すにしても、売りやすく貸しやすい物件となります。

物件："2人時間"を楽しめる
クオリティの高さにも注目

　ワーク・ライフ・バランスを重視し、家での暮らしの快適さを求める傾向が高いため、たとえば、マンションであれば「日中の時間も明るい南向き」「夜景がきれいな高層階」などの物件を選ぶ人が多いです。

　車を持っている家庭では、車での外出時のアクセス（高速道路など）や駐車場代の負担を意識した物件選びも大切です。

資金計画：借入額が過度に大きくならないよう注意

　子どもの教育費を気にしなくてよい分だけ、物件価格の予算も大きめになります。そのため、借入額が大きくなりすぎるケースをよく見かけます。病気やけがで返済が滞るリスクなども視野に入れて、借りすぎには留意したいところです。

ちなみに、子育て世帯が住宅購入をする際には、背伸びした購入プランになることが多く、必然的に家計の見直しをする良いタイミングになりますが、子どもがいない世帯の場合は無理なく買えて、家計の見直しの緊急性がないケースが多いです。

言い換えれば、住宅購入が家計を積極的に見直すきっかけにはならないため、エンゲル係数が高い（生活水準が高い）ままのご家庭が散見されています。今は良くても、将来、年金収入だけで今と同水準の家計支出が可能なのかを、一度確認しておくのがお勧めです。夫婦であってもお互いの資産をオープンにしていないことも多いので、少しずつ、意識して2人の退職後のビジョンを話し合っておくと安心です。

そうした見直しを持つことで前向きに繰上げ返済し、退職までに完済しておくことで、年金収入から捻出する生活費のうち住居費を低く抑えるご家庭も。生活水準が高いままでもうまく家計を回せる効果があるので、視野に入れておくとよいでしょう。

いったん、住宅ローンを完済したあとでなら、売るのも貸すのも制限なく自由です。たとえば、海外旅行が趣味の夫婦が空港のそばに引っ越したり、田舎で暮らすといった、住み替えをする選択も気軽に身軽にできます。

［図5-1］ 共働き世帯の4割は繰上げ返済をしている

Q. 住宅ローンの繰上げ返済をしたことがありますか？
（対象：548人、有効回答：548人）

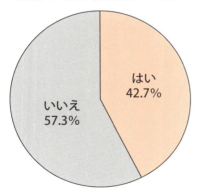

Q. これまでいくら位住宅ローンの繰上げ返済を行いましたか（累計）？（繰上げ返済したことがある人234人、有効回答：234人）

繰上げ返済額 平均747万円

［出典］アットホーム調べ「一都三県在住の子どものいない共働き夫婦に聞く『共働き夫婦の実態』調査」。

子どもありの共働き夫婦が
買うなら、こんな物件

☐ 資金計画は、教育費の分だけゆとりを見ることが重要です
☐ 保育園や小学校、駅へのアクセスが良い物件がお勧めです
☐ 階下へ音が響きにくい物件が無難です

資金計画：教育費にしわ寄せしない物件価格を

　家を買うときに、試算された毎月返済額を見て「なんとか返していけそうだ」という水準の物件を買うのはNGです。毎月の貯蓄も十分にできるくらいゆとりがある物件価格を選ぶことが、子どもがいる家庭では特に重要です。

　というのは、今は返せても将来、住宅ローンを返せなくなるタイミングがくる可能性が高いからです。子どもの教育費は1人につき1,000万円といわれています。

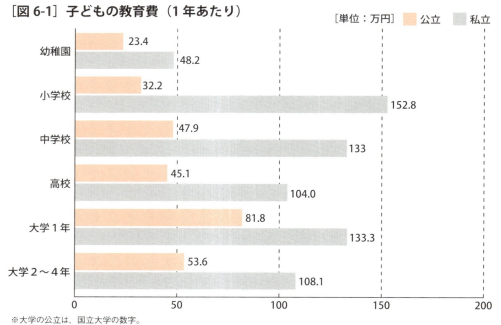

[図6-1] 子どもの教育費（1年あたり）　［単位：万円］ 公立 私立

	公立	私立
幼稚園	23.4	48.2
小学校	32.2	152.8
中学校	47.9	133
高校	45.1	104.0
大学1年	81.8	133.3
大学2〜4年	53.6	108.1

※大学の公立は、国立大学の数字。
［出典］幼稚園〜高校は「子供の学習費調査」（平成28年度）、国立大学は「国公私立大学の授業料等の推移」（平成30年度）、私立大学は「私立大学等の平成29年度入学者に係る学生納付金等調査結果」、いずれも文部科学省。

もちろん一度にそんな大金がかかるわけではなく、成長して独立するまでの総額がそのくらいになるという意味合いです。ざっくりいえば、高校までの15年間で500万円、大学の4年間で500万円のイメージで、基本的に子どもが大きくなるにつれて毎年必要になる教育費の額はアップしていきます。

　そのため、購入前に、教育費にしわ寄せしない物件価格をFPに試算してもらったり、子どもが幼く教育費負担がまだ軽い時期にこそ、意識して貯蓄に励むといった工夫が欲しいところです。「塾に通いたい」「私立の学校に行きたい」といった希望が子どもから出てきたときに、住宅ローン返済がきついことを理由に断り、以後の親子関係が冷え込んだ例はたくさんあります。

[表6-1] 教育費として必要な額　　　　　[単位：万円] 公立　私立

	幼稚園 [3年間]	小学校 [6年間]	中学校 [3年間]	高校 [3年間]	大学 [4年間]	総額
すべて公立	68.2	193.4	143.3	135.1	242.5	782.6
幼稚園だけ私立	144.5	193.4	143.3	135.1	242.5	858.9
高校だけ私立	68.2	193.4	143.3	311.0	242.5	958.5
幼稚園・高校が私立	144.5	193.4	143.3	311.0	242.5	1,034.8
高校・大学が私立	68.2	193.4	143.3	311.0	457.8	1,173.7
小学校だけ公立	144.5	193.4	398.0	311.0	457.8	1,504.7
すべて私立	144.5	916.5	398.0	311.0	457.8	2,227.8

※大学の公立は、国立大学の数字。
[出典] 幼稚園～高校は「子供の学習費調査」（平成28年度）、国立大学は「国公私立大学の授業料等の推移」（平成30年度）、私立大学は「私立大学等の平成29年度入学者に係る学生納付金等調査結果」、いずれも文部科学省。

立地：子ども目線で選ぶ

　共働きで、まだ子どもが小さい家庭であれば、保育園の送り迎えが便利な立地の物件がお勧めです。最近は保育園へ入るのも大変で"保活"が必要な地域もあるため、事前に募集状況や空き状況を調べておくと安心です。実際に、子どもが誕生したタイミングで新居に引っ越したものの、保育園に空きがなく、復職に支障が出たケースもあります。

　また、公立小学校は学区が定められているので、両親が共働きで子どもが1人で過ごす時間が多い場合は、通学路がシンプルな立地の物件が理想です。塾や習い事に通うことを視野に入れると、駅までの道が夜でも安心な物件が好ましいです。

物件："音"対策を考えて選ぶ

　小さな子どもがいる場合は、走り回ったり飛んだり跳ねたりすることはよくあることなので、マンションであれば、階下に迷惑をかけない1階の物件や、下が店舗や玄関の2階にある物件などがお勧めです。

　なお、日中は夫婦2人とも仕事で外出していることが多いのであれば、マンションを選ぶ際に、人気の南向きにこだわらず、東向きで朝日が入る部屋や夏の夕日が楽しめる西向きなどでも良さそうです。

　戸建てでは、そうした心配はあまりない点がメリットです。ちなみに、子どもは家を出る際に飛び出す不安があるため、車の通行量が多い道路に面した物件は避けたほうが安心です。

　家族が増える可能性がある場合は、部屋数が多めの物件がやはり安心です。性別の違う子どもが生まれれば、別々の部屋が必要になりそうです。

　もともとは子だくさんな家族計画だったものの、3LDKのマンションを購入してからは、「部屋数も足りないし、住宅ローン負担も重いし、子どもはもういいや」となった家庭も散見されます。一部屋多めの物件を選べば、子どもがいない間は書斎にするといった使い方もできます。

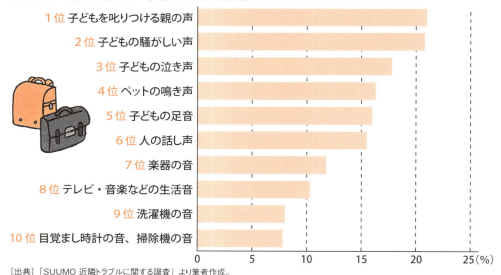

[図6-2] 近隣の住人に不満を感じる騒音ベスト10

1位 子どもを叱りつける親の声
2位 子どもの騒がしい声
3位 子どもの泣き声
4位 ペットの鳴き声
5位 子どもの足音
6位 人の話し声
7位 楽器の音
8位 テレビ・音楽などの生活音
9位 洗濯機の音
10位 目覚まし時計の音、掃除機の音

[出典]「SUUMO 近隣トラブルに関する調査」より筆者作成。

40〜50代の夫婦が買うなら、こんな物件

- ☐ 「終の棲家」の視点で選ぶのが重要です
- ☐ 大都市圏では駅近なマンションが人気です
- ☐ 年金でも無理なく返済できるプランが理想です

立地：駅までの距離や医療機関が近い物件

　人生100年といわれますが、折り返し地点にさしかかる40〜50代で買うなら、やはり「終の棲家」の視点は重要です。買った家には20年以上は住む予定だとは思いますが、20年たったときの暮らしのイメージを持っておくことが、物件選びをする際にことのほか重要です。

　身近にいる高齢者を思い出してみると、たとえば、坂道がつらそうだったり、そろそろ運転免許証の返上を考えているといった雰囲気はないでしょうか。そういった心配を考えると、駅まで平坦な道のりで徒歩圏の物件を選んでおくほうが、あとで改めて引越しを検討する事態が避けられます。また、今は健康でも、高齢になると医療機関のお世話になったり長期間入院する可能性が高まります。医療機関へのアクセスが良い物件を選んでおくと、いざというときに安心です。

[図7-1] 退院患者の平均在院日数

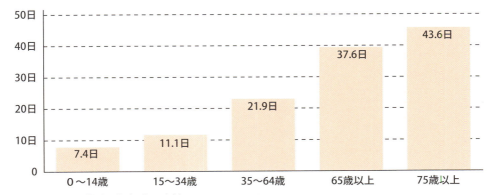

[出典] 厚生労働省「患者調査（平成29年）」。

[図 7-2] 受療率（人口 10 万人対）

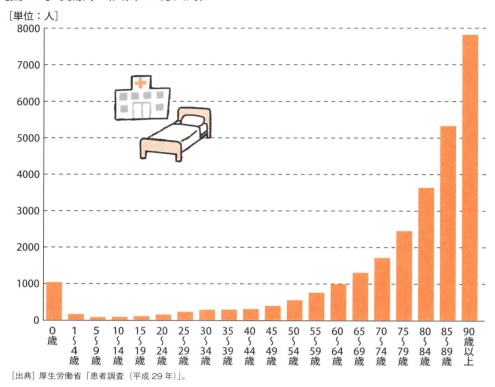

[出典] 厚生労働省「患者調査（平成 29 年）」。

資金計画：年金生活突入後の返済額に注意

　退職までの完済を目指すなら、どうしても返済期間が短くなるため、毎月返済額は高額になりがちです。そんなときは、たとえばローンを 2 本に分け、1 本は退職までに完済し、もう一方は最長期間でゆっくり返していくといった組み方をすると、年金生活でも負担感を抑えた返済ができそうです。

　「退職金で完済」という少し前の常識を信じてのんびりしていると、その頃の世代に比べて、今の世代は退職金も年金も減っているため、退職後の生活が非常に不安定になります。できるだけ、退職までに繰上げ返済していく姿勢が重要です。

　40 〜 50 代といえば、ちょうど老後資金づくりが気になりだす世代ですね。同じ 100 万円を運用で増やしても何十万円も儲かることはまずありませんが、繰上げ返済すれば、数十万円単位で節約できます（P.96）。つまり、余計な利息を払わずに済んでそのお金を老後資金として残しておけるので、繰上げ返済も老後資金づくりの一手段であることは認識しておきましょう。

物件：身体に優しいかどうかの視点でチェック

　物件の間取りなども、高齢になったときの視点で見ておくとあとで慌てないで済みます。それまで元気でも、70代に入って足腰がきつくなり、2階がデッドスペースになったという話はよくあります。階段の傾斜が緩やかな物件、手すりを付けても大丈夫なだけの廊下や階段の幅は欲しいところです。

　欲をいえば、車いすが通れるだけの幅があり、段差がない廊下、広めの浴槽であれば、自宅介護も可能です。親の暮らし方を考えてみて、不便に感じていそうな要素に注意しておきましょう。

　親について、戸締りや火の元の不安がありそうだと思ったことがある人は、戸建てよりもオール電化のマンションのほうが便利かもしれません。

[図7-3] 2つに分けて住宅ローンを組めば、退職後の負担を軽くできる

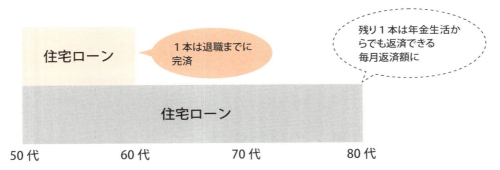

[図7-4] 侵入窃盗のうち約4割が戸建て住宅で発生

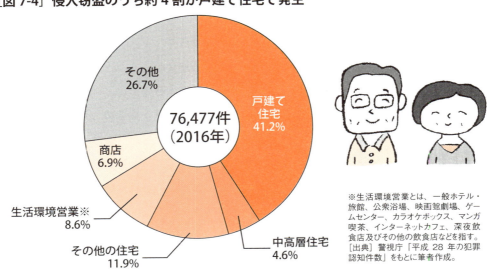

シングルの人が買うなら、こんな物件

- □ 夜道など、周囲の環境も吟味しましょう
- □ 女性は、セキュリティの充実した物件が安心です
- □ 50㎡以上の物件を選べばさまざまな税制優遇があります

立地：駅までの安全性もチェック

1人暮らしには、危険が潜んでいます。物件自体の環境は細かくチェックしても、駅からの様子には無頓着な人が多いので、買うときは、夜道でも不安がないか確認しておくことが重要です。

商店街を抜けた先にあるような物件であれば、仕事の帰りに総菜を買ったりでき、また途中まで道が明るいので安心感が高いようです。

物件：セキュリティの高い物件

ついつい周りの利便性などに目がいきがちですが、物件自体の安全性は確保しておきたいところです。特に女性は、オートロックなどセキュリティが充実した物件がお勧めです。外に干す洗濯物が気になるなら、乾燥機の導入も検討してみては。外に干していると常に心配がよぎる人は、物件選びの段階で、洗面所に衣類乾燥機を置くスペースがある物件を選んだり、浴室乾燥機がある物件にすると安心です。

最近ではインターホンにカメラが付いている物件や、宅配ボックスがあるものも。近くにコンビニエンスストアがあるなら、お店で荷物を受け取ると宅配業者とのやりとりを回避できます。

資金計画：50㎡以上ある物件を選ぶ

　1人暮らしに快適な間取りを考えると、「ワンルームでは狭すぎるし、1DKか1LDKくらいのコンパクトマンションを買おうかな」という声をよく耳にしますが、いっそのこと、2LDK程度の物件まで視野に入れた選択がお勧めです。理由は2つあります。

　1点目は、税制優遇が大幅に違うからです。政府は住宅購入を後押ししているのでさまざまな税制優遇が実施されていますが（P.88）、その対象となる物件の面積は「登記簿面積で50㎡以上」あることを要件としています。住宅購入に伴ってかかるあらゆる税金（登録免許税、不動産取得税、固定資産税、都市計画税）は、50㎡以上なら優遇が受けられますが、50㎡未満なら対象外なので、多めに税金を払うことに。

　加えて、住宅ローン控除やすまい給付金といった"もらえる"お金も、50㎡以上でないと受け取れないのです。そのため、1LDK2,000万円のコンパクトマンションより、2,200万円の2LDKマンションのほうが総額では安上がりに、といったことがありがちです。

　なお、ここでいう50㎡はあくまで登記簿面積（壁の内側の面積）です。マンションでは壁の真ん中のサイズで広告を出す習慣があるため53～55㎡ほどないと、登記簿面積50㎡以上とは確実にはいえない現状があり、注意が必要です（詳細は本ページの脚注を参照）。必ず登記簿で確認してから購入の是非を判断したいところです。

　また、2点目として、ライフプランが変わる事態に対応しやすい点が挙げられます。2人暮らしになっても、2部屋あればそのまま住み続けやすい利点があります。その家に住まなくなっても、売ったり貸したりする際に、ファミリータイプの物件は需要が高く客付けしやすいメリットがあります。

---- **マンション広告の面積表示には要注意！** ----

「内法（うちのり）面積」と、「壁芯（へきしん、またはかべしん）面積」は、いずれも建物の床面積を求める方法。「内法面積」とは、壁の内側の寸法で求める面積を指します。「壁芯面積」とは、壁の中心線で囲まれた面積を指し「内法面積」よりも大きくなります。登記簿では、マンションは「内法面積」、戸建て住宅は「壁芯面積」で記載されますが、マンションの広告に記載されている床面積は「壁芯面積」で表示されることが多く、登記簿より大きくなるので購入の際には注意が必要です。

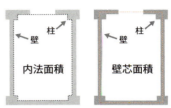

内法面積：黒い点線の内側の面積。
　　　　　マンション登記で用いられる
壁芯面積：赤い点線の内側の面積。
　　　　　マンション広告で多く用いられる

資産価値が下がらない物件・立地の選び方

- ☐ 大都市へのアクセスが良いと、一般に資産価値は高くなります
- ☐ 物件自体だけでなく、街の雰囲気、最寄り駅の雰囲気も大きく影響します
- ☐ メンテナンスが行き届いた古臭くない物件が人気です

資産価値が高い物件＝人気物件

　人気がある物が高い値段で競り落とされるオークションと同じで、不動産も人気の物件は常に高い金額で売買されます。つまり、それが「資産価値が高い」ということに。たとえば、駅から遠いよりも近い物件のほうが確実にニーズがあります。

立地とメンテナンスが良いことは必須要件

　首都圏の例でいえば、資産価値が高くなる立地面のポイントは主に3つ。1点目は、都心や主要駅への交通アクセスが良いこと。最寄り駅で複数路線が使える便利な物件も変わらぬ人気があります。

　そして、2点目は、生活の利便性が高い物件であること。商業施設や文化施設などが整った街にある物件は、資産価値が落ちにくい傾向が見られます。また、東日本大震災時の帰宅難民の経験や、職住近接の視点から、近郊エリアの物件も人気です。

　また、3点目として、街全体に魅力があること。駅前広場が整備されたり、駅周辺の再開発で大規模な商業施設が登場したような街であれば、「その街に住みたい」という気持ちが掻き立てられます。

　外壁が剥がれたままだったり、掃除が行き届いていないと、その物件の将来性が心配になります。古臭くなく、メンテナンスが行き届いていることが、資産価値を維持するうえで重要です。

第5章

お得に「購入」
お金の基礎知識

「住宅購入」には思ったより
いろいろお金がかかります

- ☐ 家を買うには、諸費用分の現金が必要です
- ☐ 住宅ローンは、額が大きいほど利息負担も増えます
- ☐ 諸費用の内訳は、税金や各種手数料、保険料などです

家を買うのに最低限必要なお金

「家を買うのに最低限必要なお金は？」と聞くと「頭金」と答える人が多いです。しかし実は、頭金はゼロでも買えますが、「諸費用」はほとんどのケースにおいて現金で用意する必要があるので要注意です。

諸費用は、名前の通り、住宅購入にかかるもろもろのお金の総称です。家の売買契約やローン契約書にかかる印紙税のほか、自分の家だという証明のための登記に必要な費用、不動産を持つことによって納めなければならない税金、保険料、引越し費用など。融資条件として支払いを求められるローン保証料は50万円ほどかかることも。

諸費用の合計額の目安は、ざっくりいえば、新築マンションなら物件価格の3～5％程度見ておくとよいでしょう。建売住宅や中古住宅、中古マンションの場合は、仲介手数料（約3％）も加わるため、6～8％程度を見ておくと安心です。

[表1-1] 住宅購入時にかかる「諸費用」の例（主なもの）

売買契約	印紙税（売買契約書に添付）	
住宅ローン関連費用	印紙税（住宅ローンの契約書に添付）	登録免許税（登記のための費用）
	司法書士報酬	融資手数料
	ローン保証料	団体信用生命保険料
	建物の火災保険料	建物の地震保険料
不動産の税金	固定資産税・都市計画税	不動産取得税
その他	引越し費用	引越し挨拶費用
	設備の費用	仲介手数料

家を手に入れるためにかかる総額

家を買うには、前述の諸費用と、物件価格分のお金が必要です。いわゆる頭金は購入時に現金で支払うお金ですが、それで物件価格に不足する額は、住宅ローンで借りることになります。

住宅ローンの金利は2019年4月現在、0.5～2.5％程度で、住宅ローンの借入額と返済期間によって、負担する利息の総額は変わってきます。

[図1-1] 家を手に入れるためにかかる総費用

家を買うのに必要なお金の総額（例：4,991万円）

物件価格（例：3,800万円）

| 諸費用
（例：190万円） | 頭金
（例：300万円） | 住宅ローン借入額
（例：3,500万円） | ローンの利息
（例：1,001万円） |

購入時に現金で用意するお金

住宅ローンとして、分割して数十年にわたり返済するお金

申込金・手付金は頭金に充当される

たとえば、物件価格3,800万円の新築マンションを買う、上の図1-1のケースで考えてみると、「諸費用」は5％として190万円ですね。頭金を300万円用意すると、住宅ローンで借りるのは3,500万円に。金利1.5％（全期間固定型）、返済期間35年、元利均等返済で借りたときに負担する利息の総額は1,001万円です。

ということは、3,800万円の家を買うためにかかる総額は、4,991万円（＝諸費用190万円＋頭金300万円＋住宅ローン3,500万円＋利息1,001万円）となる計算です。

特に負担が重いのが利息ですね。利息負担を減らすには、住宅ローンで借りる額を減らす（頭金を増やす）、住宅ローンの返済期間を短くする、できるだけ低い金利で借りる、といった視点が重要になります。

家を買ったあとにもいろいろかかります

家を手に入れたあとは、毎年の固定資産税・都市計画税のほか、戸建てなら修繕費、マンションなら管理費・修繕積立金といった維持費がかかります。留意しておきましょう。

いくらまで「頭金」に入れても大丈夫？

- ☐ 手元に残すお金の目安は、生活費の半年〜1年分です
- ☐ 手元資金が不安なら、頭金は無理に入れなくてもOKです
- ☐ 返済開始後にゆとりがあれば、繰り上げ返済するのも一策

「手元に残すお金」の目安

　家を買うときに頭を悩ませるのが、頭金をいくらにするかという問題です。有り金すべてを頭金に投入する計画は無鉄砲といえるでしょう。「諸費用」を現金で支払う必要があるほか、手元にもいくらかお金を残しておきたいところです。

　手元に残すお金の目安は、生活費の半年〜1年分です。たとえば、月額25万円でやりくりしているご家庭であれば、150万〜300万円程度ということに。これだけ残しておけば、「子どもが塾に行きたいと言い出した」「親が認知症気味になり、こまめに帰省が必要になった」「病気やけがで働くのに支障が出て給料が減り、治療費もかかってお金が足りない」「金利上昇に伴い住宅ローン返済額がアップするローンで借りていて、急いで借り換えする必要がある」といった急な出費にも備えられそうです。

頭金は原則、無理に入れる必要はない

　「手元に残すお金」と「諸費用」を取ると、貯蓄はあっという間に底を突いてしまいます。頭金に回せるお金はそれほど多くは残らないかもしれません。少し心もとなく感じたときは「手元にいくらか残しておきたい」の思いに従うのも一策です。というのは、いったん手元にお金を取っておいて落ち着いてから比較的早めの時期に繰上げ返済したほうが、結果的に支払総額が少なく済んでお得になるケースが多いからです。

　たとえば、右ページの表2-1の例で3,800万円の物件に頭金300万円を入れて3,500万円のローンを組むと利息総額は1,001万円ですが、3,800万円のローンを組

んで3か月後に300万円繰上げ返済すると利息総額は895万円で済むのです。

毎月返済額の負担増（この例では9,000円ほど）が許容範囲なら、無理に頭金を入れなくても、あとで落ち着いてから早めに繰上げ返済するというプランは合理的です。

[表2-1] 頭金は無理に入れなくてもOK
（物件価格3,800万円の物件、35年返済、金利1.5%、元利均等返済の場合）

	毎月返済額	利息総額
頭金を300万円入れた場合	10.7万円	1,001万円
頭金ゼロで、借り入れから3か月後に300万円繰上げ返済した場合	11.6万円	895万円

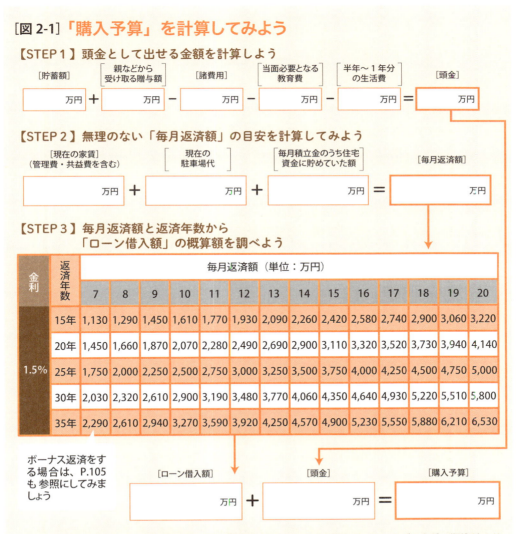

[図2-1]「購入予算」を計算してみよう

【STEP 1】頭金として出せる金額を計算しよう

［貯蓄額］万円 ＋ ［親などから受け取る贈与額］万円 − ［諸費用］万円 − ［当面必要となる教育費］万円 − ［半年〜1年分の生活費］万円 ＝ ［頭金］万円

【STEP 2】無理のない「毎月返済額」の目安を計算してみよう

［現在の家賃］（管理費・共益費を含む）万円 ＋ ［現在の駐車場代］万円 ＋ ［毎月積立金のうち住宅資金に貯めていた額］万円 ＝ ［毎月返済額］万円

【STEP 3】毎月返済額と返済年数から「ローン借入額」の概算額を調べよう

金利	返済年数	毎月返済額（単位：万円）												
		7	8	9	10	11	12	13	14	15	16	17	18	19	20
1.5%	15年	1,130	1,290	1,450	1,610	1,770	1,930	2,090	2,260	2,420	2,580	2,740	2,900	3,060	3,220
	20年	1,450	1,660	1,870	2,070	2,280	2,490	2,690	2,900	3,110	3,320	3,520	3,730	3,940	4,140
	25年	1,750	2,000	2,250	2,500	2,750	3,000	3,250	3,500	3,750	4,000	4,250	4,500	4,750	5,000
	30年	2,030	2,320	2,610	2,900	3,190	3,480	3,770	4,060	4,350	4,640	4,930	5,220	5,510	5,800
	35年	2,290	2,610	2,940	3,270	3,590	3,920	4,250	4,570	4,900	5,230	5,550	5,880	6,210	6,530

ボーナス返済をする場合は、P.105も参照にしてみましょう

［ローン借入額］万円 ＋ ［頭金］万円 ＝ ［購入予算］万円

【STEP 3】の表で、ローン借入可能額の概算額が入れた金利に応じて変わるエクセルデータが、翔泳社のサイトからダウンロードできます。詳しくはP.VIを参照。

住宅ローンの基礎知識

- □ 「変動金利型」「固定金利選択型」「全期間固定型」の3タイプがあります
- □ 「変動金利型」で高額な借り入れを長期間利用するのは高リスク
- □ 「変動金利型」を利用するなら金利上昇リスクの対策の検討も！

住宅ローンは3種類

　住宅ローンとひとことで言っても、3つの異なる型が混在しているため、自分に合う型を見極めたうえで、より有利な金融機関を探す視点が重要です。

　たとえば、2019年4月現在の金利の例では、「変動金利型」は0.5％、「固定金利選択型（10年）」なら1.1％、「全期間固定型」では1.5％前後です。低い金利ほど利息負担が軽く安く家を買えるようでお得に見えますが、"安いのには訳がある"という格言は住宅ローン選びにも当てはまります。「安物買いの銭失い」にならないよう、特徴を把握したうえでの判断が特に大切です。

「変動金利型」ローン

　家を見に行ったときに、業者に出してもらう見積り試算例に使われるのは、変動金利型ローンです。見た目の金利が低く、お手頃感のある毎月返済額に収まるので「家賃並みで買えそう」という印象の試算結果になりやすいためです。

　しかし、このローンで契約した金利が保証されるのは、借り入れ当初の6か月間だけです。以後、毎年2回、適用される金利が見直されるしくみで、見直された金利に伴う利息負担がどれだけ膨れ上がっても、すべてローン契約者が負うしくみになっています。銀行側はふところ痛まず。安い（金利が低い）のには理由があるのです。

　たとえば、3,500万円を35年返済で借りるケースでいえば、変動金利型（金利0.5％でずっと変わらないという前提）であれば毎月返済額は9.1万円ですが、仮に、5年で1％のペースで金利上昇したとすると、毎月返済額は12.3万円（10年目

→ 15.2万円（20年目）→ 17.3万円（30年目）に。わずかな金利上昇でこの水準ですが、払っていけそうですか？

[表3-1]

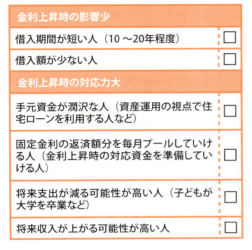

変動金利型で借りてもいい人	
金利上昇時の影響少	
借入期間が短い人（10〜20年程度）	☐
借入額が少ない人	☐
金利上昇時の対応力大	
手元資金が潤沢な人（資産運用の視点で住宅ローンを利用する人など）	☐
固定金利の返済額分を毎月プールしていける人（金利上昇時の対応資金を準備していける人）	☐
将来支出が減る可能性が高い人（子どもが大学を卒業など）	☐
将来収入が上がる可能性が高い人	☐

変動金利型で借りるとリスクが高い人	
金利上昇時の対応力少	
変動金利型のプランでしか希望物件が買えない人	☐
手元資金にゆとりがない人	☐
金利上昇時の影響大	
変動金利型の借入額が多い人	☐
返済期間が長く（35年など）、繰上げ返済する予定がない人	☐

　今は史上最低金利なので、東京オリンピックなどで景気回復すると、世の中の金利は上昇し、変動金利型の住宅ローン金利も上がる可能性大。そのため、今のタイミングで変動金利型を利用するなら、住宅ローン金利上昇に伴い、毎月返済額のアップ、支払利息のアップも想定しておくのが賢明です。

　変動金利型の利用が向いている人は、手元資金が潤沢でいつでも繰上げ返済などでローン残債のコントロールができる人や、毎月着々と貯蓄を増やしていける人、余裕資金の運用の一手段として住宅ローン控除（1％）と変動金利（0.5％）の差額を使うといった人です。

　他の型で試算をすると借入可能額が少なく出て購入希望物件に手が届かないため変動金利型で借りるという人は、手元資金がないためリスク大。安易に長期間の借り入れで多額に変動金利型を利用すると、家計破綻の危険性があります。

変動金利型

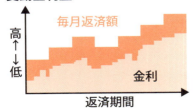

金利は半年ごと、毎月返済額は5年ごとに見直されるものが主流。金利がアップしても返済額に前の5年間の1.25倍までに抑えるローンが多い。多くの金融機関で取り扱われている。金利水準は通常、「全期間固定型」「固定金利選択型」よりも低い。

「全期間固定型」ローン

「変動金利型」では金利上昇リスクをローン契約者が負うのに対し、金利上昇リスクをまったく負わなくて済むのが「全期間固定型」です。金利上昇リスクは銀行持ち。ローン契約者は、借入時の金利を最長35年、固定して借りることができます。過去から見ても今の金利は史上最低水準。全期間固定型で借りない手はありません。

それでも「全期間固定型」を借りるのをためらう人が多いのは、「変動金利型」「固定金利選択型」よりも高めの金利設定になっているからです。

目の前で、「変動金利型」0.5％なのに対し「全期間固定型」では1.5％前後（2019年4月現在の金利の例）という金利水準を見せられると、3倍の返済額を払うなんて到底無理！　と思う人もいますが、それは誤解です。3,500万円を35年返済で借りるケースでいえば、「変動金利型」の毎月返済額は9.1万円、「全期間固定型」は10.7万円なので、3倍の額を払うわけではないことがわかります。

借り入れ当初の金利が返済終了まで続くタイプ。住宅金融支援機構の「フラット35」のほか、一部の銀行でも取り扱っている。今後の金利動向に左右されず、返済額が変わらない安心感がある。「固定金利選択型」「変動金利型」より金利水準は高め。

「固定金利選択型」ローン

「変動金利型」ローンよりリスクが低く、「全期間固定型」より金利が低いものとして「固定金利選択型」があります。当初の所定の期間（2年、3年、5年、7年、10年、15年など）は固定金利を適用し、以後は、その時点の変動金利型もしくは固定金利を選ぶしくみになっています。

ということは、当初の期間は金利が固定されるため、金利変動リスクを銀行が負います。しかし、借り入れ当初の段階では金利動向を読みにくい残りの期間については、そのときになってから銀行が確実にもうかる金利設定に従って選択することになるため、金利変動リスクはローン契約者側が負います。

3,500万円を35年返済で借りる場合、「固定金利選択型（10年）」1.1％なら毎月返済額は10.0万円。5年で1％のペースで金利上昇するケースでは、毎月返済額は

11.5万円（10年目）→ 13.3万円（20年目）→ 14.0万円（30年目）に。固定金利期間中には金利変動がなく利息負担が増えず確実に元金が減るので、「変動金利型」に比べて毎月返済額のアップがゆるやかであることがわかります。

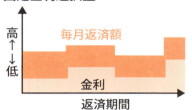

2年、3年、10年など一定の期間だけ金利を固定できるタイプ。固定期間終了後は再度、「固定金利選択型」か「変動金利型」かを選択するものが主流。終了後に選ぶ固定期間は自由に選べる。
多くの金融機関で取り扱われている。固定期間が長いほど、金利水準は高め。

「変動金利型」ローンで借りざるを得ないときは

　住宅ローン返済が苦しくなる人の多くは、変動金利型など、金利変動リスクを負う型で長期間の返済や高額な借り入れをした人です。

　金利変動リスクに対応するには、繰上げ返済してローン残債を減らすか、変動金利型ではないローンに借り換えるしかありません。いずれも資金が必要です。

　したがって、貯蓄がない人や貯蓄を築いていける家計ではない人は、借入額が大きかったり返済期間が長かったりといった金利上昇時のしわ寄せが大きい借り方で変動金利型を利用することは避けたいところです。少なくともミックスローン（本ページの脚注を参照）で他の型と組み合わせたり、元金均等返済（P.109）を利用するなど、リスクを抑える方策を取るのがお勧めです。

金利変動リスク **小** 適用金利 **高**	金利変動リスク **大** 適用金利 **低**	金利変動リスク **中** 適用金利（合計） **中**
固定	変動	変動 / 固定

ミックスローンで良いとこどり！

---- ミックスローンとは？ ----

ミックスローンは、1件の申込みで、2つの金利タイプを自由に組み合わせる借り入れ方法です。金利上昇のリスクは避けたいが、変動金利のメリットも捨てがたいなどという人に人気です。「変動＋固定」だけではなく、「変動＋変動」や異なる固定金利期間の「固定＋固定」を組み合わせたりすることもできます。
不動産の登記（抵当権の設定）が2つ必要になるため、契約書の印紙代、抵当権設定費用が2倍発生することで、5万円〜10万円程度、諸費用（P.80）が増えます。

住宅購入に関わる税金の知識

- ☐ 住宅購入には各種の税金がかかります。諸費用に見込んで準備します
- ☐ 購入後は毎年、固定資産税などを払うことになります
- ☐ 消費税は物件価格の建物部分にも、諸費用の各種手数料にもかかります

購入時にかかる税金

　家を買うときには、下の表4-1にあるような税金がかかります。「諸費用」に含めて見積り、不動産業者が預かり、手続きを手配します。まず、「印紙税」は、家の売買契約書や請負契約書、住宅ローンの契約書（金銭消費貸借契約書）などを交わすときに、契約書に記載された金額による税額を払います。

　続いて「登録免許税」は不動産登記にかかる税金で、2019年4月現在は税率引き下げの特例が継続中。所有権の保存登記0.4％が新築住宅なら0.15％に、売買による所有権移転登記2％（土地は1.5％）が中古住宅なら0.3％に、そして、抵当権設定0.4％が新築住宅・中古住宅で0.1％になります。

　なお、「不動産取得税」は、不動産を取得（購入・建築など）したあとで、固定資産税評価額の原則4％を納税しますが、住宅用・非住宅用に限らず土地は3％、建物は住宅用のみが3％になる特例があります。住宅取得から60日以内に申告します。

[表4-1] 家の購入時にかかる税金

税金	概要
印紙税	住宅購入時の売買契約書や住宅ローンを組む際の金銭消費貸借契約書の作成時に負担する。1,000万円超～5,000万円以下の例では2万円かかるが、売買・請負契約書には軽減措置あり
登録免許税	取得した住宅や土地の登記を申請する際に負担する
不動産取得税	土地や家屋を、売買、贈与、交換、建築（新築・増築・改築）などによって取得したときに負担する。取得後3か月～半年後くらいに届く納付書に従い納付する
消費税	住宅の物件価格のうち、建物部分に消費税がかかる。また、住宅購入時にかかる諸費用のうち、各種の手数料（住宅ローン手数料や司法書士手数料、仲介手数料など）にも消費税がかかる

購入後にかかる税金

家の所有者ならではの税金には「固定資産税」「都市計画税」があります。毎年1月1日時点の所有者にかかる税金（市町村税）で、毎年4月ごろに納税通知書が送られてきます。税額は、市町村が土地と建物の「固定資産税評価額」を決め、それに一定の税率をかけて計算されます。固定資産税評価額は3年ごとに見直されます。

標準税率は1.4%ですが、土地が「住宅用地」の場合、固定資産税・都市計画税ともに一定の軽減措置があります。また、新築マンションなど（3階以上の耐火、準耐火構造の住宅）を購入する場合は築後5年間、新築戸建ての購入・新築では築後3年間、建物部分の固定資産税額が半額に軽減されます。

消費税10%の影響

家にも消費税がかかります。とはいえ、物件価格すべてにではなく建物部分にだけです。数千万円もする買い物なので、8%から10%にアップした際の影響は、次の表4-2にあるように、3,800万円の建売住宅の例では50万円程度。2019年10月以降に引き渡されるものから原則10%が適用されます。新築住宅の購入であれば住宅ローン控除の拡充などもあるため、金利や物件価格、ライフプランなども加味した判断が重要です。

［表4-2］消費増税で負担がアップする費用（物件価格3,800万円の例）

消費税がかかる費用		例	消費税		注文住宅	建売住宅	新築物件	中古物件
			税率8%	税率10%				
物件価格		土地分：1,900万円	かからない	かからない	○	○	○	－
		建物分：1,900万円	152万円	190万円				
諸費用	住宅ローン手数料	3万円	2,400円	3,000円	○	○	○	○
	司法書士手数料	7万円	5,600円	7,000円	○	○	○	○
	仲介手数料	物件価格×3%＋6万円＝120万円	9万6,000円	12万円	△※2	○	－	○
	引越し費用※1	16.0万円	1万2,800円	1万6,000円	○	○	○	○
	耐久消費財※1	152.8万円	12万2,240円	15万2,800円	○	○	○	○
	合計額→		175万9,040円	219万8,800円				

※1「引越し費用」「耐久消費財（住宅建築・購入後、概ね1年以内に購入した耐久消費財）」は、新築持家系の平均額（住宅金融支援機構「住宅取得に係る消費実態調査（2014年度）」）。
※2 注文住宅で土地から購入する場合、土地に仲介手数料がかかる。

住宅購入に関わる保険の知識

☐ 家を守るためには「火災保険」「地震保険」に入ります
☐ これまでしっかり入っていた「生命保険」の保障額は減額してもOK
☐ 病気やけがで働けなくなる事態に備える保険は、前向きに検討を

火災保険

　住宅ローンを組むと、「火災保険」への加入が必須です。住宅ローンの借入先の銀行で火災保険に入るか、もしくは、自分で契約して、売買代金の決済と鍵の引き渡しの際にその保険証券を銀行に提示することが求められます。

　「どうして？」と思うかもしれませんが、住宅ローンは有担保ローンで、返済期間中は家の所有権に銀行が抵当権を設定しているからです。返済が滞ると、銀行は、抵当権を行使して競売にかけるなどローン残債の回収をはかれるしくみになっています。ところが、その家が火事や自然災害で損害を受けてなくなると、担保の家がなくなる（無担保）ということに。担保を保全するため、万が一のときでも火災保険から保険金が支払われるように、銀行は住宅ローンを契約する際に加入を義務づけています。

地震保険

　自然災害にしっかり備えるなら「地震保険」も大切です。家をカバーする保険は、地震・火山の噴火・津波については「地震保険」、そのほかの自然災害は「火災保険」と守備範囲が決まっているからです。たとえば、地震が原因で起きた火事だとみなされた場合は「地震保険」の補償範囲です。地震保険は火災保険にセットで加入します。

　最近は自然災害による被害が目立って増えてきていますが、家が被害を受けた際の公的な保障は最高で300万円（全損して再建築する際の額の例）。貯蓄で不足する額は保険の活用が有効です。住宅ローン返済や教育費などで貯蓄が不足しているご家庭は特にご留意を。割安な共済商品なども視野に入れて備えておくと安心です。

[表 5-1] 自然災害と住まいの保険の守備範囲

損害の原因	火災保険	地震保険
地震・火山の噴火・津波	✕※	○
上記以外（火災・落雷・風災・ひょう災・雪災・水害・土砂災害など）	○	✕

※地震などにより延焼・拡大した火災損害は補償されない。

生命保険

　住宅ローンを組んだら、それまでしっかりした額で生命保険に入っていた人は、保障金額を減額しても大丈夫です。生命保険は、もしも一家の大黒柱が死亡したときに遺族が路頭に迷うことがないように、生活費や住居費、教育費などを積み上げて、いくら生命保険金が必要かを算出した額（必要保障額）で契約します。ところが、住宅ローンを組むことになると、団体信用生命保険（P.116参照）に契約することになるので、このうちの住居費の額を減らすことができます。

　賃貸時代に比べて固定資産税や修繕費、マンションの管理費・修繕積立金といった維持費が新たにかかりますが、一方で、住宅ローン返済分は不要になるので、生命保険金を数千万円単位で削れば、保険料負担を軽くすることができます。

働けなくなったときに備える保険

　住宅ローンを組むときに忘れてはならないのが、病気やけがで働けない事態に備える視点です。もしも、ローン契約者が死亡した場合は、団体信用生命保険が利いて、家は残り、反対に借金は残りません。けれども病気やけがで働けなくなったときは、治療費がかかり、収入も減る一方で、ローン返済は待ったなしです。返済を滞らせると、家は残らず、借金だけが残り、家計破綻に陥る危険があります。

　「疾病保障付き団信」（P.117参照）の住宅ローンにしない場合は、「就業不能保険」や「所得補償保険」といった保険に毎月返済額相当額で入っておくと安心です。

―――― 働けなくなったときに備える民間の保険 ――――

【就業不能保険】病気やけがで働けなくなると、所定年齢（60歳、65歳など）まで契約した月額（10万円、20万円など）が支払われます。支払い開始までが長め（2か月、6か月など）。生命保険会社が取り扱っています。

【所得補償保険】病気やけがで働けなくなると、1年または2年間、契約した月額（10万円、20万円など）が支払われます。支払い開始までが短め（7日など）。損害保険会社が取り扱っています。会社の団体保険で割安な保険料で取り扱われていることも。

贈与税の軽減税制度

- 「住宅取得等資金の非課税制度」で親や祖父母からの贈与税が優遇されます
- 「住宅取得等資金の非課税制度」と「暦年課税」は併用可能です
- 「住宅取得等資金の非課税制度」と「相続時精算課税」は併用可能です

住宅取得等資金の非課税制度

「頭金が足りない！」と思ったら、親などに相談してみるのも一つの方法です。というのは、今は、「住宅取得等資金の非課税制度」が実施されているため、直系尊属である両親や祖父母などから住宅取得資金を贈与してもらった場合には、一定の金額（下の表6-1を参照）が非課税で受け取れるのです。

通常であれば、お金をもらったときは、もらった側が数十万〜数百万円の贈与税を現金で納める必要があります。けれども、この非課税期間中は、まとまったお金を受け取っても贈与税をうまく節約することができます。特に、消費税が10%に引き上

[表6-1]「住宅取得等資金の非課税制度」による非課税限度額

住宅用家屋の取得等に関する契約の締結期間	住宅を消費税10%で取得 良質な住宅用家屋※	住宅を消費税10%で取得 左記以外の住宅用家屋	消費税10%以外で取得 良質な住宅用家屋※	消費税10%以外で取得 左記以外の住宅用家屋
2016年1月〜2019年3月	―	―	1,200万円	700万円
2019年4月〜2020年3月	3,000万円	2,500万円	1,200万円	700万円
2020年4月〜2021年3月	1,500万円	1,000万円	1,000万円	500万円
2021年4月〜2021年12月	1,200万円	700万円	800万円	300万円

※「良質な住宅用家屋」とは下記のいずれかの基準を満たした住宅を指す。
- 断熱等性能等級4もしくは、一次エネルギー消費量等級4以上、または省エネルギー対策等級4
- 耐震等級（構造躯体の倒壊等防止）2以上、または免震建築物
- 高齢者等配慮対策等級（専用部分）4以上

（注1）住宅を消費税10%で取得とは、住宅用家屋の取得等に係る対価の額又は費用の額に含まれる消費税等の税率が10%である場合をいう。
（注2）建物の登記簿面積で50m² 以上240m² 以下の物件であるなど、所定の適用要件がある。
（注3）震災被災者の非課税枠は、上記金額とは異なる。

げられると景気対策もあって破格の大盤振る舞いとなるので、高額な贈与を受けられそうな人は要件をしっかり確認しておきましょう。

併用できる2つの制度

　実は、住宅取得等資金の非課税制度に加え、毎年110万円まで贈与税を非課税にできる「暦年課税」と、特別控除額2,500万円を使える「相続時精算課税」のいずれかを、併用することができます。

　たとえば、2019年度に良質な住宅用家屋を消費税10%で取得する場合、暦年課税を使うなら3,110万円（＝3,000万円＋110万円）まで非課税で、60歳以上の親や祖父母から贈与を受けることができます。「相続時精算課税」を使う場合は、5,500万円（＝3,000万円＋2,500万円）まで非課税で贈与を受けられますが、のちに相続が発生した段階で2,500万円分は相続財産に含めて相続税を算出する形で精算されます。

　「相続時精算課税」は生前贈与を促進するために創設された制度ですが、いったん「相続時精算課税」を使うと、以後はまったく「暦年課税」を使えなくなってしまうデメリットがあります。そのため、一般的には「相続時精算課税」を使わず、「住宅取得等資金の非課税制度」と「暦年課税」を併用するケースが多いです。

［図6-1］非課税制度活用のイメージ

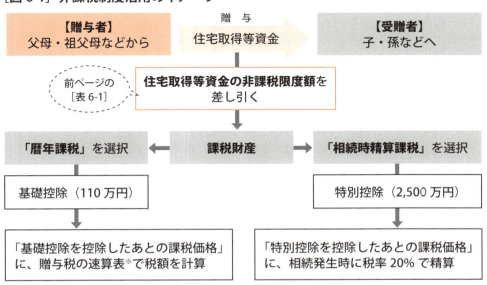

※贈与税の速算表は国税庁のホームページを参照。
［出典］国税庁「住宅取得等資金の贈与税の非課税のあらまし」をもとに筆者作成。

住宅購入でもらえるお金

- 消費増税に合わせて、住宅購入でもらえるお金が拡充されます
- 「住宅ローン控除」の対象期間が現行10年から13年に延長されます
- 「すまい給付金」「次世代住宅ポイント制度」の要件を確認しましょう

住宅ローン控除

　家を買うときに住宅ローンを組むと、納めた税金（所得税・住民税）の一部が戻ってくるのが「住宅ローン控除」です。消費税が8％のときは、年末ローン残高の1％相当額が借り入れから10年間にわたり受け取れるイメージです。ただし、実際には下の図7-1の❶〜❸の最も小さい額が控除対象になる点に注意が必要です。「建物の構造等による1年あたりの最大控除額」は、50万円（新築・未使用の認定長期優良住宅、認定低炭素住宅）、40万円（新築住宅、法人が売り主の既存住宅で、消費税が課税されるもの）、30万円または20万円（中古住宅で上に同じ）です。

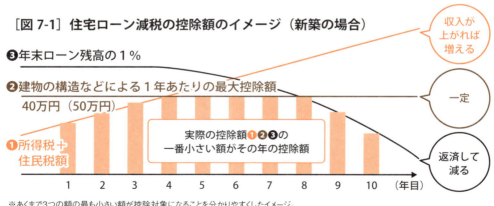

[図7-1] 住宅ローン減税の控除額のイメージ（新築の場合）

※あくまで3つの額の最も小さい額が控除対象になることを分かりやすくしたイメージです。
[出典] 国土交通省「すまい給付金」ホームページ。

　消費税10％では控除期間が3年間延長され、11〜13年目は建物購入価格（税抜）の2％の3分の1か、ローン残高の1％のいずれか小さい額が控除されます。建物にかかる増税分（差の2％分）のほぼ全額を還付されるように設定されています。

「すまい給付金」

「すまい給付金」は、消費税率引上げによる負担緩和のために創設された制度です。消費税が8％のときは収入額の目安が510万円以下の人を対象に最大30万円、消費税が10％のときは775万円以下の人を対象に最大50万円が給付されます。"個人間売買"の中古住宅は消費税がかからないことから、残念ながら対象外です。

次の表7-1にあるとおり、収入が少ない人ほど給付基礎額は大きくなります。もらえる額（給付額）は、この給付基礎額に持分割合を乗じた額で、国土交通省のホームページ「すまい給付金」のサイト「いくら給付金をもらえるか計算する」(**http://sumai-kyufu.jp/simulation/index.html**)で試算できます。すまい給付金は、良質な住宅ストック形成促進の目的もあるため、所定の要件を満たした住宅のみが対象です。

[表7-1]「すまい給付金」の給付基礎額の目安

消費税率8％の場合

収入額の目安※	給付基礎額
425万円以下	30万円
425万円超475万円以下	20万円
475万円超510万円以下	10万円

消費税率10％の場合

収入額の目安※	給付基礎額
450万円以下	50万円
450万円超525万円以下	40万円
525万円超600万円以下	30万円
600万円超675万円以下	20万円
675万円超775万円以下	10万円

※扶養対象となる家族が1人（専業主婦、16歳以上の子どもなど）の場合の例。
　実際には、都道府県民税の所得割額によって決まる。
[出典]国土交通省「すまい給付金」ホームページ。

「次世代住宅ポイント制度」

消費税率10％へ増税後の住宅取得支援策として、「次世代住宅ポイント制度」が創設されました。新築については一戸当たり最大35万ポイント、リフォームでは最大30万ポイントで、1ポイント＝1円で利用できます。一定の省エネ性、耐震性、バリアフリー性能等を満たす住宅や、家事負担の軽減に資する住宅の新築やリフォーム（ビルトイン食器洗い乾燥機や、浴室乾燥機など）が対象です。詳細は**https://www.jisedai-points.jp/**で確認を。2020年3月末までの契約が対象ですが、予算がなくなり次第終了です。気になる人はお早めに。

購入後の住宅ローンの
メンテナンス方法

- □「繰上げ返済」はローン残債を効率的に減らす王道です
- □ 手間ひまかけられるなら「借り換え」による節約効果は絶大です
- □「条件変更」をすると返済期間や返済額を調整できます

知っておきたい3つの住宅ローンのメンテナンス法

　住宅ローンは、借りることができたらそれがゴールではなく、返済の船出のスタート地点に立ったにすぎません。無事に航海を終えるためには、金利上昇の波がきても乗り切れるだけの"舵取り"の技術を知っておくことが大切です。

　この節では、繰上げ返済、借り換え、条件変更の3つを紹介します。

繰上げ返済「期間短縮型」

　まず知っておきたいのが、繰上げ返済です。毎月返済やボーナス返済といった定期的なローン返済とは別に、前倒しで、借りた元金の一部を返すことをいいます。その元金に対応する利息の支払いをしなくて済むメリットがあります。

　繰上げ返済には、「期間短縮型」と「返済額軽減型」の2つがあります。まず、期間短縮型は、ある時点でまとまった額を繰上げ返済すると、次ページ図表8-1のオレンジ色の網掛け部分（A）の元金に充当され、それに見合う利息（B）が支払い不要になります。そして、元金が充当された期間分（C）だけ、返済期間も短くなります。

　元金と利息の割合は年々利息部分が減るしくみのため、借り入れから早い時期に繰上げ返済したほうが、利息節約効果が大きくなることを覚えておきましょう。

[図表8-1]
繰上げ返済「期間短縮型」の効果（借入額 3,500 万円、返済期間 35 年、借入金利 1.5%）

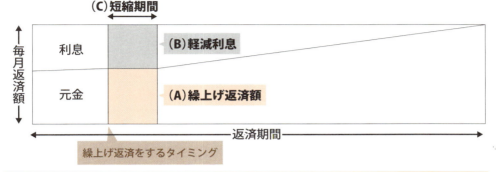

繰上げ返済するタイミング	(A)繰上げ返済額	(B)軽減利息	(C)短縮期間
10年経過後	約200万円	約86万円	2年2か月
20年経過後	約200万円	約47万円	1年11か月
30年経過後	約200万円	約13万円	1年7か月

繰上げ返済「返済額軽減型」

　もう一つの返済額軽減型は、次ページの図表8-2のオレンジ色の網掛け部分（D）のように、まとまったお金を返済満了までの元金に充当し、それに見合う利息（E）が支払い不要になるしくみです。以後の毎月返済額（F）を図のように少なくできるメリットがあります。ただし、同額を繰上げ返済したとき、支払わなくて済むことになる利息の額は期間短縮型のほうが高くなります。金融広報中央委員会のホームページ「知るぽると」のサイト「繰り上げ返済シミュレーション」（**https://www.shiruporuto.jp/public/document/container/sikin/menu/s_kuriage.html**）で繰上げ返済の試算ができます。

　なお、繰上げ返済にかかる費用は、金融機関によって、0〜3万円程度というところが主流です。大手金融機関やフラット35では、窓口で手続きするなら有料であったり、繰上げ返済する最低額にしばりがあるものの、インターネットのウェブサイト経由なら無料にしたり、最低額を引き下げるといった対応をしています。前向きに繰上げ返済を検討する予定の人は、住宅ローンをどこで借りるか選ぶ際に、繰上げ返済手数料についても確認しておくのがお勧めです。

[図表8-2]
繰上げ返済「返済額軽減型」の効果（借入額 3,500 万円、返済期間 35 年、借入金利 1.5%）

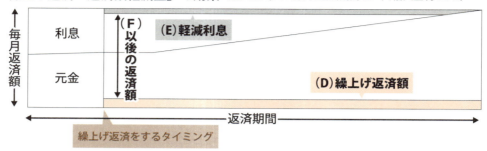

繰上げ返済するタイミング	(D)繰上げ返済額	(E)軽減利息	(F)以後の返済額
10年経過後	約200万円	約40万円	9.9万円
20年経過後	約200万円	約23万円	9.5万円
30年経過後	約200万円	約8万円	7.2万円

借り換え

　住宅ローンの「借り換え（借換え）」とは、高い金利で組んでいたローンを、より低い金利で組み直すなど、別の金融機関で借り入れし直すことをいいます。別の金融機関で新たにローンを組んで手にしたお金で、現在借りているローンを一括返済するというしくみで、より金利が低い条件で借り換えするケースでは、利息負担を減らし総返済額を大幅に減らすことができます。

　今後の金利上昇に備えて、変動金利型から全期間固定型に借り換えるケースも増えそうです。また、現在、変動金利型で借りている人が、同じく変動金利型に借り換えるケースも増えています。変動金利型の基準金利はここ十数年ほとんど変わっていませんが、借入時に適用される各金融機関での優遇金利が年々大きくなってきているためです。たとえば、基準金利が2.475%で変わりがなくても、以前1.6%の優遇金利を受けて0.875%の変動金利型を利用していた人は、今、優遇金利2.0%の金融機関に借り換えると0.475%の適用を受けられるのでお得なのです。

　なお、借り換えにかかる費用は、金融機関によって30万～80万円程度です。借り換えは、新たなローン関連の諸費用（P.80参照）に加え、今借りている住宅ローンの担保抹消登記の費用などがかかります。新たなローン関連の諸費用のうち、ローン保証料がかかるか、かからないかで50万円前後の差が生じます。この借り換えにかかる費用を回収して余るだけの効果が出ればお得と判断でき、ローン保証料がかからな

い金融機関への借り換えであれば0.3％程度の金利差でもメリットが出ます。

　借り換えにかかる費用と返済総額軽減の効果を見ると、繰上げ返済よりも費用対効果が高いことがわかります。その代わり、用意する書類が多く、手間がかかります。なお、借り換えにかかる諸費用は現金で用意するのが基本ですが、諸費用込みで借り換えができる（現金の準備が不要な）金融機関もあります。借り換え前の情報収集が功を奏します。

［表8-3］借り換えの効果

当初、3,500万円、35年返済、金利2％で借りた場合	5年経過後毎月返済額	35年間の支払利息	35年間の返済総額
そのまま借り続けた場合	11.6万円	1,370万円	4,870万円
5年経過時点で借り換えた場合　金利1.5％に借り換え	10.8万円	1,094万円 （＝333万円＋761万円）	4,594万円 （＝696万円＋3,898万円）
金利1.0％に借り換え	10.1万円	828万円 （＝333万円＋495万円）	4,328万円 （＝696万円＋3,632万円）
金利0.475％に借り換え	9.4万円	562万円 （＝333万円＋229万円）	4,062万円 （＝696万円＋3,366万円）

※5年経過時点のローン残債は3,173万円。それまでの返済総額は696万円、支払利息は333万円として試算。
※残りの期間の金利の変動がないものとして試算。

条件変更

　もしも毎月、着々と繰上げ返済に備えた貯蓄を増やしていけるなら、「返済額増額」という条件変更をする手もあります。前述の通り、繰上げ返済は、借り入れから早い時期にすればするほど効果が高いわけですが、返済額増額は毎月こまめに繰上げ返済していくようなものなので、まとまったお金が貯まってから繰上げ返済するより利息の節約効果が高まります。

　また、逆に、毎月の返済が苦しくなった場合は、「返済期間の延長」「一定期間における返済額の減額」「ボーナス返済分の返済額の変更、ボーナス返済の取りやめ」といった条件変更もできます。条件変更にかかる費用は5,000〜3万円程度です。

　注意点としては、返済が滞ってからでは条件変更は難しいという点です。返済が苦しいと思ったら、なるべく早めに借入先の金融機関に相談に行くことが重要です。

頭金はいくら入れるべき？

　家を買うときに現金で払う「頭金」は、一昔前であれば2割が理想といわれていました。"担保割れ"を回避できるので、いつでも家を売却できる安心感があることも理由の一つでした。

　たとえ、新築物件を買ったとしても、少し住めば家が古くなった分だけ担保価値は下がるのが一般的です。仮に、3,800万円の家を買って、3年後に売りたくなったときのローン残債が3,500万円だったとします。このときの担保価値が3,200万円で3,200万円での購入希望者が現れても、差額の300万円を現金で用意しなければ、金融機関は住宅ローン融資時に設定した抵当権を外してくれません。つまり、「担保割れ」になると、家の売却は難しくなります。

　これが、しっかり頭金2割を用意しているケース（この例では頭金760万円、ローン借入額3,040万円）であれば、担保価値のほうがローン残債より高くなりやすく、いつでも売ることができる安心感があるのです。金融機関としてもトラブルになる事態を避けられます。

　ただ、最近の温度感としては"1割以上"が一つの目安となっています。住宅ローン審査に通りやすかったり、借入金利が低めに設定されていることがあります。

　たとえば、住宅金融支援機構のフラット35なら、2019年4月現在、頭金1割以上なら1.270％、頭金1割未満では1.710％というところが多かったです。これほどの金利差があると利息負担の総額は100万円以上違ってきますので、前向きに頭金を入れる方針であれば、優遇金利となる金融機関を探してみるのがお勧めです。

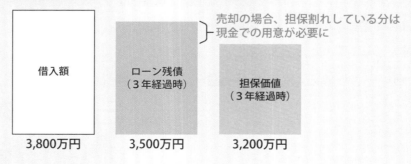

担保価値よりローン残債が多いと"担保割れ"に

第6章

実践！
お得な住宅ローンの
組み方＆安心な
物件の選び方

モデルルームに行く前に知っておきたい「わが家の予算」の上限額

□ 不用意にモデルルームに行くと高額物件に手を出しがちです
□ 事前に「わが家の予算」を把握しておくことが"転ばぬ先の杖"
□ 変動金利型による試算で判断すると危険です

モデルルームでは「一目ぼれ」に注意しよう

　ふらっと立ち寄ったモデルルームですっかりその気になったものの、直前で不安になってFP相談にみえる人があとを絶ちません。

　今の住居費に比べて、毎月の住宅ローン返済額が数万円多くなるプランであっても「家計を見直せばなんとかなるのではないか」「ボーナス返済を組み込めば買えるのではないか」というように、買う理由ばかりが先立って、身の丈に合わない"高嶺の花"に手を出しかけてしまうおそれがモデルルームにはあります。

　綺麗な部屋や素敵なキッチンに一目ぼれして購入可能か試算してもらった結果、「お客様の年収でしたら十分大丈夫ですよ」と太鼓判を押されたら、その気にならないのは難しいでしょう。賢明な判断をするためには、モデルルームに行く前に、「わが家の予算」の上限額を把握しておくことが重要です。

「貸してくれる額」と「返せる額」は違う

　なぜ、前もって、わが家の予算の上限額を把握しておく必要があるかというと、モデルルームで試算してくれる額（金融機関が「貸してくれる額」）は、私たちが実際に滞りなく「返せる額」とは乖離しているからです。

　たとえば、年収600万円の人であれば、モデルルームで住宅ローン試算を取ると5,715万円でもOKとのこと（次ページの表1-1の例）。「そんなに貸してもらえるの？」と自分のことを高く評価してくれたように感じて、前向きに検討する人が少なくありません。

[表1-1] 家族構成別「返せる額」の目安
（返済期間35年、金利1.5%、元利均等返済の例）

「返せる額」をチェック！

[単位：万円]

	年収→	400	500	600	700	800	900	1,000
「返せる額」の目安	子どもがいる場合（年収負担率20%）	2,180	2,720	3,270	3,810	4,350	4,900	5,440
	子どもがいない場合（年収負担率25%）	2,720	3,400	4,080	4,760	5,440	6,120	6,800
	シングルの場合（年収負担率28%）	3,310	4,130	4,960	5,790	6,610	7,440	8,270
【参考】銀行などが「貸してくれる額」（年収負担率は約35%）		3,810	4,762	5,715	6,668	7,620	8,000	8,000

※銀行などが「貸してくれる額」は、住宅金融支援機構「フラット35」の例。上限額は8,000万円。
※筆者が試算。

けれども、「貸してくれる額」と「返せる額」は違うので要注意です。住宅ローンを組むときは、一般にローン保証料を諸費用の一つとして負担しますね。これは、返済が滞った際に保証会社から金融機関（銀行など。以下、銀行）にローン残債が一括で支払われるしくみのための費用で、銀行はふところが痛まず、すぐに残債の回収ができます。以後は、保証会社が銀行に代わり取り立てをするので、返済は待ったなしです。また返済が滞れば、今度は競売にかけられ、家を失い、ローンの完済が難しいと自己破産まっしぐらです。

つまり、住宅ローンを借りるときは、銀行はこちらが「返せる額」かどうかは気にせず貸してくれるわけなので、「返せる額」かどうかは自分自身で判断しなければ非常にまずいのです。

目安は、年収負担率（年収に対する割合。本ページ脚注を参照）で20～25%というのが一般的です。銀行が貸してくれる額は35%の水準ですが、返済が難しいということでFP相談にみえる人は30%を超えるケースがほとんどなので、提案されたまま購入に踏み切ると危険です。

---- 「年収負担率」と借入可能額 ----

「年収負担率」とは、額面年収に対して住宅ローンの年間返済額が占める割合のことで、「年収負担率＝年間返済額÷額面年収×100」の式で求められます。たとえば、年収400万円の人で、年収負担率20%なら、年間返済額が80万円（400万円×20%）となる借入可能額を計算すると、2,180万円と計算できます（返済期間35年、金利1.5%の場合）。

家賃をベースに「返せる額」の目安の確認を

　たとえば、年収600万円の人が家賃10万円を払っている場合、わりと住居費をかけているイメージです。その人が、6,000万円の物件を買うために頭金300万円を出して、5,700万円のローンを組んだとしましょう。前ページの表1-1によると、金融機関が年収600万円の人に"貸してくれる額"は5,715万円なので、おそらく審査はパスするでしょう。

　けれども、ここで一度立ち止まって、長期間にわたり、ちゃんと"返せる額"なのか確認するというステップが重要です。

　右ページの表1-2は、毎月ボーナス時の「返せる額」からいくら借りられるかをまとめたものです。ボーナス返済をしない場合、毎月返済額は約17～18万円程度になっていますね（表1-2 ※1を参照）。はたして、今の生活より月々7～8万円も多く住居費として捻出する生活を、35年にわたり続けられるでしょうか。あっという間に暮らしのゆとりを奪うことは目に見えていますね。つまり、"身の丈に合わない"物件を買おうとしているわけです。

　「ボーナス返済をすればいいのでは？」と思っても、たとえば毎月の返済額を13万円にして、ボーナス返済（1回当たり）が25～30万円となると、きつくないでしょうか（表1-2 ※2を参照）。今の家賃（10万円）より高い毎月返済額を払ったうえで、ボーナスからも恒常的に大きなお金が出ていく暮らしは、とても長続きしそうに思われません。いったん住宅ローンを組むと、その返済のために、余暇に使う軍資金も将来に向けた教育費や貯蓄もなかなかできない暮らしになりそうです。

　転ばぬ先の杖は、「返せる額」で借りることに尽きます。前ページの表1-1で子どもがいる場合の目安として挙げた3,270万円であれば、毎月返済額は10万円で、ボーナスからの返済もなく、リスクを抑えた返済にできることがわかります（表1-2※3を参照）。

モデルルームでの試算は要注意

　前述の試算では、金利1.5％を用いていますが、これは全期間固定型ローンのフラット35の2019年3月の金利水準（返済期間21～35年の金利：年1.270％～年1.960％）を参考に、まん中をとって1.5％で計算しています。モデルルームでの試

算は通常、変動金利型ローン（2019年4月現在：年0.457～年0.975%程度）で試算されるため、借入可能額はもっと高い額で提示されるのが通常です。

実際に借りる際に変動金利型ローンで借りる場合も、P.103の表1-1を目安に考え、今後の金利上昇時の返済額アップに備えた軍資金づくりを始めておくのが無難です。契約時の金利が保証されるのは、全期間固定型ローンなら返済期間中ずっとですが、変動金利型ローンは借り入れからわずか6か月限りです。以後、金利がアップすると、利息支払いが優先されて元金返済が進まず利息負担がどんどん増え、返済総額が全期間固定型ローンを超える可能性がある点は気をつけておきましょう。

[表1-2] 毎月・ボーナス別「返せる額」の目安
金利1.5%、返済期間35年、元利均等返済の例　　[単位：万円]

※筆者が試算。
上の表で、ローン借入額の概算額が入れた金利に応じて変わるエクセルデータが、翔泳社のサイトからダウンロードできます。詳しくはP.VIを参照。

第6章 実践！お得な住宅ローンの組み方&安心な物件の選び方

105

自分で選ぶと、購入費は500万円以上安くできます

- 業者提示の返済プランが、自分にとってベストとは限りません
- ちょっとの工夫で、数十万〜数百万円の節約ができます
- 本審査までの時間は限られているので早めの情報収集を

住宅ローンは、借りたあとでは簡単に変更できない！

　仮審査で提示されるプランは、ひとことで言えば、審査に一番通りやすい設計になっています。たとえば、返済期間は35年で、一般的な住宅ローンの最長期間で組まれることで"割る回数"が増える分だけ、毎月返済額が最少になっているわけです。

　「これくらいの額なら返済できそう」と思って、そのままそのプランで契約してしまう人も少なくありませんが、ちょっと待ってください。

　住宅ローンは、少しの工夫で総支払額を数十万〜数百万円も少なくできるのですが、いったん借りてしまったら、手間ひまかけてお金もかけて借り換えをしない限り、住宅ローンの変更は難しいのです。つまり、借りる前のていねいな吟味がとても大切。本節では、検討しておきたい工夫を4つほど紹介しますので、できるものはないか確認して、自分のプランに活かしてみてください。

①少しでも低い金利で借りると万単位でお得

　多額の借り入れとなる住宅ローンは、ほんのわずか金利が変わるだけで、総返済額が数十万〜数百万円単位で変わります。たとえば3,500万円を借りる際に、金利が0.1％低いところで借りるだけで、利息負担総額は60万円超も少なくて済むのです。

　住宅ローンの金利は、金融機関でさまざまです。たとえば、全期間固定型ローンのフラット35（返済期間21〜35年）で借りる場合、2019年4月の適用金利の例では、金融機関によって1.270〜2.400％まで差があります。

[図 2-1] 0.2％の金利上昇で総返済額が130万円超アップ

※筆者が試算。

　同じ金利タイプでも、自分で探せば、業者が見積りとして提示した金利より低いところがきっと見つかります。今まで付き合いのなかった金融機関でも、むこうにしてみれば新規顧客獲得の好機なので、住宅ローンの申込みは大歓迎のはず。前向きに調べてみてください。

[表 2-1] 前向きに検討したい住宅ローンの節約技　　（できそうなことがあれば☑）

①同じタイプの住宅ローンでも、より安いところはないか探してみよう
●インターネットで住宅ローンの金利ランキングなどを調べてみる
●勤務先に提携ローンがないか調べてみる
●所定の条件（頭金を増やすなど）を満たすと優遇がある金融機関をチェックしてみる

②頭金を増やしてみよう
●手元に残すお金にゆとりがあれば、もう少し充当してみる
●物件引き渡しまで時間があるなら、家計を見直して貯蓄に励む
●親や祖父母に、贈与を相談してみる

③返済期間を短くできないか検討してみよう
●1年でも短くしたほうが、毎月返済額は増えても、支払利息総額が数十万円単位で少なくできてお得に

④元金均等返済を検討してみよう
●借り入れ当初の家計に比較的ゆとりがあるなら、前向きに検討してみよう

⑤借りた後、繰上げ返済してみよう
●購入した後でも「繰上げ返済」すれば、住宅ローンで支払う総額を効率的に減らせる

②頭金を増やすと、より有利に借りられる

　まず、単純に、頭金を増やすと、物件価格のうち住宅ローンが占める割合が減るため、利息負担を少なくできます。加えて、頭金を住宅ローンの1〜2割ほど入れると、適用金利を優遇してくれたり、審査を有利に進めてくれる金融機関もあります。

　手元資金にゆとりがあれば、さらに頭金に充当したり、親などから贈与を受けたりすることも前向きに検討してみてはどうでしょう。たとえば、3,800万円の新築マンションを、頭金300万円、住宅ローン3,500万円をフラット35で借りる場合（図表2-2 プラン①）、金利1.710％（2019年4月現在の返済期間21〜35年で最も多い適用金利）なら、購入費総額は4,954万円です。

　これが、親からの贈与で頭金を300万円プラスすると、同じ適用金利でも、購入費総額は4,855万円となり、99万円もお得に住まいが手に入ります（図表2-2 プラン②）。ところがフラット35では、頭金を1割用意できるかどうかで適用金利が異なります。住宅ローン3,500万円に対し頭金350万円以上用意できると適用金利が1.710％から1.270％に下がるので、この例では、購入費総額は4,565万円になります（図表2-2 プラン③）。

[図表2-2] 住宅ローンは借り方次第で、100万円単位で節約できる！
物件価格3,800万円、返済期間35年、元利均等（プラン⑤のみ元金均等）返済の例

※支払利息の金利：全期間固定型（フラット35）の2019年4月現在の金利。融資率［9割以下］1.270％、［9割超］1.710％。

	返済期間	毎月返済額	金利	
プラン①	35年	約11.1万円	1.710％	融資率9割超
プラン②	35年	約10.1万円	1.710％	
プラン③	35年	約9.4万円	1.270％	融資率9割以下
プラン④	32年	約10.1万円	1.270％	
プラン⑤	32年	当初約11.7万円	1.270％	

③返済期間を1年でも短くしてみる

業者からの試算が35年返済や30年返済でつくられることが多いので、返済期間は5年刻みだと思っている人も多いのですが、希望の年数で自由に設定できます。たとえば、33歳の人が32年返済にして年金開始前までの完済を目指したり、27年返済にして退職までに完済するプランで組むのもOKです。

たとえば、図表2-2のプラン③の35年返済を3年短くして、プラン④の32年返済にすると、購入費総額は4,496万円に。

1年縮めると約23万円お得になる計算です。

④「元金均等返済」を検討してみる

さて、住宅ローンの返済プランには、たとえ同じ金利であっても、実は「元利均等返済」と「元金均等返済」があり、特に何もいわなければ「元利均等返済」で提案される現状があります。「元金均等返済」はいわば"裏メニュー"なので、こちら側から頼まない限り提案されることはまずありません。

なぜなら、「元利均等返済」は、毎月返済額が同じ（均等）でわかりやすいため契約者への説明が簡単で、その上、金融機関のふところに入る利息が多くなる返済方法だからです。対して、「元金均等返済」は、毎月返済額が変わり説明が少し難しいうえに、利息総額は「元利均等返済」より少なく、金融機関のメリットも小さくなります。そのしくみ上、借り入れ当初の支払利息が大きくなり、同じ条件であれば毎月返済額は「元利均等返済」よりも大きくなるため、審査が厳しくなります。

逆にいえば、その厳しい審査にパスして、借り入れ当初の毎月返済額を無理なく負担できるご家庭であれば、「元金均等返済」を利用すれば支払利息の総額は少なく、毎

[図2-3] 元利均等返済（プラン④）と元金均等返済（プラン⑤）
この例では、約15年経つと、元利均等返済と元金均等返済の多寡が逆転する。

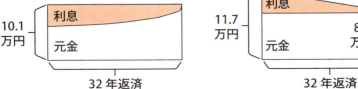

月返済額がどんどん減ることで家計にゆとりが出るので、メリットいっぱいの返済方法といえるでしょう。

　たとえば、将来的に教育費負担が重くなる、あるいは、共働きの一方が将来的に仕事を辞めるといった、将来よりも今の暮らしのほうがゆとりのあるご家庭にお勧めです。「元金均等返済」を取り扱う金融機関は下表2-3に掲載しています。

　「元利均等返済」はどこでも借りられますが、意外に取り扱いが少ないのが「元金均等返済」です。「元金均等返済」を前向きに考えているなら、取り扱いのある金融機関の情報を早めに集めておきましょう。

[表2-3]「元利均等返済」「元金均等返済」の取り扱い状況

金融機関名	元利均等返済	元金均等返済
みずほ銀行	○	○
三井住友銀行	○	○
三菱UFJ銀行	○	○
りそな（埼玉りそな）銀行	○	✕
三井住友信託銀行	○	○
新生銀行	○	✕
ソニー銀行	○	✕
住信SBIネット銀行	○	○
イオン銀行	○	✕
オリックス銀行	○	✕
東京スター銀行	○	✕
楽天銀行	○	○
じぶん銀行	○	○
横浜銀行	○	✕
千葉銀行	○	✕
静岡銀行	○	△ 保証人扱いで変動金利型のみ 元金均等返済が選択可能
三菱UFJ信託銀行	○	○
フラット35	○	○

※2019年4月現在。

自然災害が心配。ハザードマップの調べ方

「ハザードマップ」は市区町村ごとで作成

「ハザードマップ」とは、自然災害による被害を予測し、被害範囲を地図化したものの総称です。たとえば、2018年に北海道で起きた震災時の被害状況もほぼハザードマップ通りだったことが報道されています。自然災害の脅威が増えている実感のある今、家を手に入れるなら、ハザードマップの確認は必須です。

ハザードマップにはいろいろありますが、国土交通省ハザードマップポータルサイト（**https://disaportal.gsi.go.jp/**）から調べる方法が王道です。

このサイトは、場所を指定して、洪水・土砂災害・津波のリスク情報、道路防災情報、土地の特徴・成り立ちなどを地図や写真に自由に重ねて表示できる「重ねるハザードマップ」と、市町村を指定して、その市区町村が作成したハザードマップを入手できる「わがまちハザードマップ」の2本立てになっています。

たとえば、全国109水系の国管理河川における洪水浸水想定区域（想定最大規模）を、「重ねるハザードマップ」で簡単に確認できます。

「ハザードマップ」をより身近に利用するには、スマートフォンのアイコンに登録しておくと、物件めぐりをする際などに便利です。取得予定の家や、現在の勤め先の所在地を手軽に検索できるので、身の回りの災害リスクの確認に役立ちます。

「避難場所マップ」も確認してみよう

いざ被災というときに備えて、避難所を確認しておきたいときは、「Yahoo! JAPAN」の「天気・災害」の中の「避難場所マップ」（**https://crisis.yahoo.co.jp/map/**）が便利です。自治体から提供を受けた情報や国土地理院のデータを基に、ファーストメディア㈱が作成した避難場所情報が掲載されています。

共働き夫婦の住宅ローンの選び方

□「収入合算」や「ペアローン」にすると借入可能額が増えます
□ 将来の働き方を想像して、適したローンを選びましょう
□ もしものときに備えて、保険をうまく活用しておくと安心です

共働き夫婦には主に3つの選択肢がある

　最近は、共働き夫婦の住宅購入が増えています。そこで悩むのが、どんなローンの組み方をするかです。夫婦の一方だけが働いているというご家庭であれば迷うことなく「単独ローン」となりますが、夫婦共働きの場合は「単独ローン」のほかに、「収入合算（連帯債務・連帯保証）」「ペアローン」といった2人で組む選択肢があります。

　どれを選ぶかは、夫婦の収入バランスと、何歳まで、どのくらいのボリュームで仕事を続けるつもりかによります。次のページの図4-1のフローチャートで、2人に適した住宅ローンの組み方を検討してみてください。

2人で住宅ローンを組むメリット3つ

　夫婦2人で住宅ローンを組む一番のメリットは、やはり、1人で組むより借入可能額が大きくなることです。たとえば、「ペアローン」であれば夫婦2人分が、「収入合算」であれば主たる返済者が単独ローンで借りる場合に比べ、もう一方の収入の半分ほどを加算した額に借入可能額をアップすることができます。

　さらに、住宅ローン控除額が増えるメリットも。住宅ローン控除が受けられる上限額は、ざっくりいえば、以下の①〜③の中の一番小さい額です。

① 年末のローン残高×1％
② 住宅の種類による上限（一般住宅なら4,000万円など）
③ 本人の所得税＋住民税

[図 4-1] 住宅ローンの組み方をチェック！

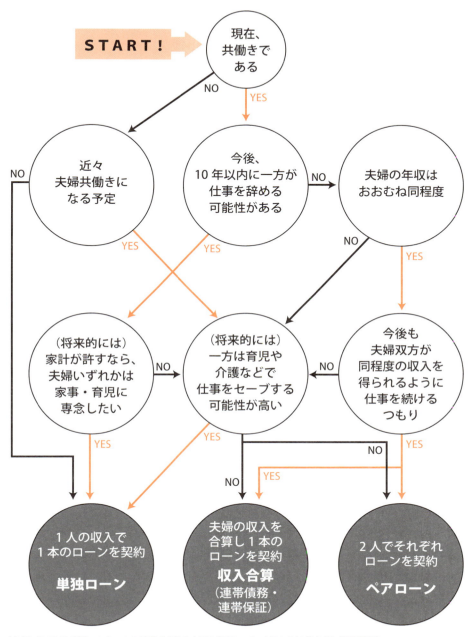

[出典] SUUMO 新築マンションの特集「共働き夫婦の住宅ローン まるわかりガイド」（筆者監修）。

P.112の①〜③の中で一番少額になりやすいのは③で、たとえ①と②が40万円だったとしても、③が30万円ならそれが住宅ローン控除額の上限になってしまいます。
　これが、夫婦2人で収入合算（連帯債務）やペアローンで組む場合は、③の額が2人分になるので受け取れる額も増える点が大きなメリットです。取り扱い銀行の多い収入合算（連帯保証）の場合は、単独ローンより大きな額を借りられるものの、住宅ローン控除の上限額は③になりがちで不利な点は注意しておきたいところです。
　そして、メリットの3点目は「すまい給付金」が受けられる可能性が高いことです。消費税率8％時は収入額の目安が510万円以下の人を対象に最大30万円、同10％時は収入額の目安が775万円以下の人を対象に最大50万円の給付が受けられ、年収が少ないほど給付金が大きくなります。

2人で共有名義にする際の留意点3つ

　2人で住宅ローンを組んだり、頭金を入れるなどして住宅の名義が共有名義になることの最大の注意点は「離婚」です。ペアローンや連帯債務にすると、離婚後も双方に返済義務が残ります。仮に一方の返済が滞れば、その弁済義務はもう片方に及びます。

　つまり、離婚後も家を維持している限りはお互いに縁を切りにくい状況になるわけです。面倒ごとを避けるには、ローン残債を一括返済して家を売却するのが一番ですが、残債が多いとかなりの手持ち資金を投入する必要があることも。要注意です。
　2点目として、もしもの死亡時のことも考えておく必要があります。一方が亡くなると、その人の分のローン残債は団体信用生命保険（P.116を参照）でなくなりますが、生きている人の残債はなくなりません。夫婦で家計をやりくりしているケースだと、多くのご家庭で日々の家計が回らなくなります。一方が亡くなる事態に備えて、もう一方の残債もなしにできる額で生命保険に入って備えておくのが合理的です。
　そして、3点目として、ローンを組んでいる人が働けなくなる事態も視野に入れて備えておきたいところです。けがや失業などで長期間働けない場合でも返済義務は継続します。民間保険会社の「就業不能保険」や「所得補償保険」のほか、最近は疾病特約や失業保障特約が付けられる住宅ローンも増えていますのでチェックしてみるのも一策です。

［表 4-1］ 共働き夫婦のローンの組み方（主なもの）

		単独ローン	収入合算		ペアローン
			連帯保証	連帯債務	
借入方法		夫婦のどちらか1人が住宅ローンを契約	収入を合算して借り入れ、一つのローン契約を結ぶ		同一物件に対して、夫婦で借入額を分け、それぞれローンを契約
			妻は夫が返済しなかった場合に、夫に代わり返済する義務を負う	夫婦がお互い全額の返済義務を負う	
借り方の例	夫	〇 債務者	〇 債務者	〇 主債務者	〇 債務者かつ妻の連帯保証人
	妻	―	〇 連帯保証人	〇 連帯債務者	〇 債務者かつ夫の連帯保証人
所有権	夫	〇	〇	〇 共有名義	〇 共有名義
	妻	△（妻が頭金を出した場合はその分は妻名義となる）	△（妻が頭金を出した場合はその分は妻名義となる）	〇 共有名義	〇 共有名義
住宅ローン控除	夫	〇 借入額に応じて控除	〇 借入額に応じて控除	〇 持ち分に応じて控除	〇 借入額に応じて控除
	妻	✕ 受けられない	✕ 受けられない	〇 持ち分に応じて控除	〇 借入額に応じて控除
団体信用生命保険	夫	〇 加入できる	〇 加入できる	〇 加入できる	〇 加入できる
	妻	✕ 加入できない	✕ 加入できない	△ 金融機関による	〇 加入できる

※夫を主たる返済者とした場合の例。
［出典］SUUMO 新築マンションの特集「共働き夫婦の住宅ローン まるわかりガイド」（筆者監修）に本書執筆時に筆者が加筆。

　なお、「収入合算」で借りたものの、しばらくして妻が仕事を辞めるというケースがよく見られます。住宅ローンを低金利のところに借り換えて、毎月返済額を軽くしたいという希望があっても、実際のところ、借り換えの審査にはほぼ通りません。「妻が仕事を辞めた後は、夫の収入だけでちゃんと返済できているのだから大丈夫なはず」と主張しても、もともと夫1人の年収では審査に通らなくて、妻の収入を合算して借入可能額を増やしたという流れでは、やはり夫1人の年収では審査が通りづらいのです。「収入合算」で借りたら、妻は仕事を辞めない覚悟が必要です。

百花繚乱の「団信」。
その特徴を知っておこう

- □ もしものときに家族に"家を残して借金は残さない"ための保険
- □ 基本の団信のほか「疾病保障付き団信」「自然災害補償特約付き団信」も
- □ 持病があって団信に落ちたら「ワイド団信」も視野に入れよう

団体信用生命保険は、借りたあとでは変更できない！

　住宅ローンを組む際には、通常、「団体信用生命保険」に入ることがローン契約を結ぶうえで必須となっています。逆にいえば、略して団信と呼ばれるこの保険に入れる健康状態でなければ、住宅ローン審査には通らないといえます。住宅金融支援機構のフラット35以外の住宅ローンは、団信加入が必須と心づもりをしておきましょう。

　団信は、ローン契約者が亡くなったり、重い障害などで返済不能となった場合に、保険金が借入先の金融機関に支払われるのが基本のしくみです。保険によってローン残債が完済されるため、家族には家は残っても借金は残らないという効果があります。ちなみに、団信の保険料は、適用される住宅ローン金利に含まれていますので、ローン返済者の目に見える形での保険料負担はありません。

[図5-1] 団体信用生命保険（団信）のしくみ

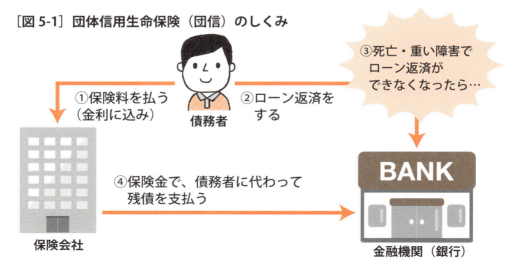

「疾病保障付き団信」を知っておこう

　団信は、あくまで死亡や重い障害の状態になったときにローン返済を保障するものなので、"働けなくなったとき"には団信は利かず、ローン返済は継続します。そんな中、注目されているのが、団信に付加する「特約」です。がんや心筋梗塞、脳卒中といった所定の病気になった際にもローン返済を保障する特約を付けた団信を、一般に「疾病保障付き団信」と呼びます。

　疾病保障付き団信にするには、保険料負担として、0.1〜0.4％程度の金利上乗せをするのが一般的です。カバーする疾病の範囲と、保障の仕方によって上乗せ金利も変わります。保障の仕方とは、所定の状態になってから比較的速やかに（2か月程度）残債がゼロになるものや、一定期間（1年程度）返済を肩代わりしたうえで状態継続していたら残債をゼロにするものなど、似たような商品名でも金融機関によって保障の仕方が異なり、上乗せ金利にも差があります。

　利用にあたっては、金利上乗せの大きさと保障の仕方だけでなく、もともとの借入金利の高低も視野に入れての判断がお勧めです。

新登場の「自然災害補償特約付き団信」とは

　台風や豪雨、土砂災害、地震など、自然災害で家が被害を受けた結果、補修や建て直しのために二重ローンを抱えた人の報道を目にした人もいるのではないでしょうか。たとえ、家が壊れて残っていない状態であったとしても、その住めない家のためのローン返済は免除されず、返済を続けることを求められます。保険に入っていれば、家が大きな被害を受けたときには、地震・噴火・津波による場合は「地震保険」から、また、それ以外の自然災害による場合は「火災保険」から保険金が支払われます。しかし、保険に入っていなかったり、補償額が足りなかったりする場合も多く、新たな家の取得やリフォームのためにお金を借りざるを得ない人もいます。

　こうした事態に備えられるものに「自然災害補償特約付き団信」があります。火災や水災などによる被災時に住宅ローンの支払いを一定期間サポートしてくれるもののほか、地震や噴火・津波による損害を受けた際も対象とするものなどさまざまです。2017年ごろから登場しており、取り扱う金融機関はまだ一部に限られていますが、気になる人は調べてみるとよいでしょう。

健康状態がイマイチなら
「ワイド団信」も検討

　告知した健康状態によっては、団信の審査に通らず、住宅ローンを借りられないこともあり得ます。団信の申込みの際に記入する健康状態に関する告知項目は、その団信を提供する保険会社ごとに問われる内容が異なっています。たとえば、次の表 5-1 の「銀行名」の下に記載の保険会社名が銀行名と同じであれば告知項目はほぼ一緒ですが、違う保険会社名であれば告知項目は異なります。そのため、どうしても住宅ローンを組みたい場合は、違う保険会社が団信を提供する金融機関で申込みし直して自身に有利なところで申込んだり、団信が任意加入扱いで住宅ローン審査に影響しない住宅金融支援機構のフラット 35 を利用してみても。ただし、団信未加入でローンを借りるのはリスクが高いので、ローン残高を補えるだけの生命保険を別途準備しておきましょう。

　金融機関によっては、持病がある人向けに引き受け条件を緩和した「ワイド団信」を用意しています。0.3 〜 0.5％程度の上乗せ金利を負担することになりますが、これまで団信加入が難しかった糖尿病や高血圧症、うつ病の人でも入れる（住宅ローンを借りられる）場合があります。

[表 5-1] 団体信用生命保険（団信）のしくみ

銀行名 （保険会社）	種類	費用	【参考】 借入金利	ワイド団信
イオン銀行 （カーディフ生命）	ガン保障特約付き 住宅ローン	借入金利に 年 0.1％上乗せ	▶変動 　0.52％ ▶固定（10 年） 　0.74％ ▶固定（5 年） 　0.55％	＋0.3％ （クレディ・ アグリコル生命）
	8 疾病保障プラス付 住宅ローン	借入金利に 年 0.3％上乗せ		
じぶん銀行 （クレディ・ アグリコル生命）	ガン50％保障団信	無料	▶変動 　0.457％ ▶固定（10 年） 　0.59％	＋0.3％ （クレディ・ アグリコル生命）
	ガン100％保障団信	借入金利に 年 0.2％上乗せ		
	11 疾病保障団信	借入金利に 年 0.3％上乗せ		
新生銀行 （太陽生命）	安心保障付団信	無料	▶変動 　0.600％ ▶固定（10 年） 　1.00％	―

つづく

つづき

銀行名 (保険会社)	種類	費用	【参考】 借入金利	ワイド団信
住信SBI ネット銀行 (カーディフ損保)	全疾病保障	無料	▶変動 0.457% ▶固定 (10 年) 1.22%	―
ソニー銀行 (ソニー生命)	3 大疾病保障 特約付団信	基準金利に 年 0.3%上乗せ	▶変動 0.507% ▶固定 (10 年) 0.640%	+0.2% (クレディ・ アグリコル生命)
みずほ銀行 (損保ジャパン 日本興亜)	8 大疾病補償・ 8 大疾病補償プラス	加入時の年齢や借 入条件で決定	▶変動 0.525% ▶固定 (20 年) 1.15%	+0.3% (損保ジャパン 日本興亜ひま わり生命)
みずほ銀行 (第一生命)	がん団信	借入金利に 年 0.15%上乗せ		
三井住友 銀行 (三井住友海上)	8 大疾病保障付 住宅ローン	[日常のケガ・病気 保障特約＋奥さま 保障特約] 借入金利に 年 0.4%上乗せ [特約なし] 借入金 利に年0.3%上乗せ	▶変動 0.525% ▶固定 (10 年) 1.10%	―
三井住友 信託銀行 (カーディフ損保)	八大疾病保障	●20 ～45歳 [充実プラン100% 給付型] [充実プラ ン 50% 給付型] 借 入金利にそれぞれ 年 0.3%、0.15% 上 乗せ ●46〜55歳 [100% 給 付 型] [50% 給付型] 借 入金利にそれぞれ 年 0.2%、0.1%上 乗せ	▶変動 0.475% ▶固定 (10 年) 0.65% ▶固定 (20 年) 1.07%	―
三菱UFJ銀行 (東京海上 日動火災)	ビッグ＆セブン <Plus> 3 大疾病保障充実 タイプ <金利上乗せ型>	借入金利に 年 0.3%上乗せ	▶変動 0.625% ▶固定 (10 年) 0.79%	+0.3% (クレディ・ アグリコル生命)
	ビッグ＆セブン <Plus> 安心の保険料タイプ <保険料支払型>	性別・年齢・借入 残高・毎月の返済 額等により異なる		
りそな銀行 (第一生命)	団信革命 (特定状態保障特約 付住宅ローン)	借入金利に 年 0.3%上乗せ	▶変動 0.525% ▶固定 (10 年) 0.655%	+0.3% (クレディ・ アグリコル生命)

※各社ホームページより作成（2019 年4月現在）。
※詳細は各社ホームページなどで確認のこと。

中古住宅は築何年までOK？

□「1981年」「2000年」より新しい物件かは、必ず確認しよう
□ 住宅ローン控除を狙うなら、マンション25年、戸建て20年以内で
□ 住宅の価値は築年数だけでは測りきれないことは十分理解を

「1981年」「2000年」は必ずチェック

中古住宅を購入しようとするときに、気になるのが「築年数」ですね。建てられた時期によって、求められる基準や性能が異なるため、1981年と2000年は必ず確認しておきましょう。

まず1点目は「1981年6月」以降に確認申請を受けた物件かどうかです。宮城県沖地震を受けて建築基準法が改正され、1981年の6月を境に旧耐震、新耐震という言葉で区別しています。

ざっくりいえば、旧耐震の基準は震度5程度の地震で倒壊しないこと、新耐震では、震度6～7の地震で倒壊しないことが基準になっています。1995年の阪神淡路大震災の際の被害状況を分析したところ、新耐震の物件では明らかに被害が少なかった事実があります。

マンションの場合は、規模にもよりますが1年から1年半の工期がかかるため、1981年以降引渡し物件というだけでは旧耐震の可能性があり注意が必要です。旧耐震の物件を買う場合は、安心して住むために、耐震診断や耐震補強工事の費用が余分に発生する覚悟が要りそうです。

ちなみに、長期固定型住宅ローンの住宅金融支援機構のフラット35を借りる場合は、建築確認日が1981年5月31日以前の住宅については、住宅金融支援機構の定める耐震評価基準に適合している場合のみ利用できます。

続いて、チェックしたい基準は「2000年4月以降」かどうかです。「住宅品質確保促進法」が施行され、新築物件について施工会社や不動産会社に対する10年保証が義務づけられました。また、住宅に一定の性能があることをわかりやすく証明する「住

宅性能表示制度」が導入され、安心感のある物件が多くなりました。

[表 6-1] 要注意な築年数・建築年（主なもの）

検討中の物件が満たしていれば ☑

質問	説明	
1981年6月以降に確認申請を受けたか？	●1981年6月以降に確認申請を取得した物件であれば、改正された建築基準法の新耐震基準が適用されている可能性大 ●1981年5月以前のものは、耐震診断などで現在の耐震基準を満たしている確認が取れていれば及第点	☐
2000年4月以降の物件か？	●2000年4月から「住宅品質確保促進法」がスタート。2000年4月1日以降に締結された"新築"住宅の請負契約・売買契約で、「構造耐力上主要な部分」及び「雨水の侵入を防止する部分」について引渡しから10年間、瑕疵担保責任を負わせることに ●2000年10月からは、「住宅性能表示制度」がスタート	☐
2000年6月以降の物件か？	●木造住宅の耐震性について、実質的に地盤調査が義務化され、補強金物の義務化、壁の配置がルール化された	☐
2003年7月以降の物件か？	●2003年7月1日以降に着工する住宅に対して、「シックハウス対策」が義務化。ホルムアルデヒドなどを発散する内装材を制限したり、24時間換気システムが義務づけに	☐
築後25年以内の耐火建築物※か？ 築後20年以内の耐火建築物以外か？	●原則的に、住宅ローン控除が受けられる ●それより古い物件でも、耐震基準適合証明書や住宅性能評価書（耐震等級1以上）といった一定の耐震基準を満たす書類や、既存住宅売買瑕疵保険に加入していれば、住宅ローン控除を受けることが可能	☐
「検査済証」がある物件か？	●検査済証は、その建物が建築基準法の基準に適合している（違法建築ではない）ことが認められたときに交付される。銀行で住宅ローンやリフォームローンを組む際に、原則として必要。古すぎる物件の場合、検査済証の発行がない物件も	☐
金融機関の返済期間要件を満たした返済プランで借りられるか？	●ソニー銀行では中古住宅には融資していない（中古マンションはOK） ●中古マンションの場合、各金融機関の借入期間の制限（住信SBIネット銀行では、物件の築年数＋住宅ローンの借入期間≦60年など）がある	☐

※耐火建築物は、この場合は鉄筋コンクリート造・鉄骨鉄筋コンクリート造などを示す。耐火建築物以外とは、この場合は木造建築などを示す。

第6章 実践！ お得な住宅ローンの組み方&安心な物件の選び方

住宅ローン控除狙いなら
築後「20年」「25年」が一つの目安

　住宅購入時のお金として関心が高いのは、やはり、「住宅ローン控除」ですね。住宅ローン控除を受けるには、床面積50㎡以上のほか、築後20年以内（耐火建築物は25年以内）といった要件があります。

　それより古い物件でも、一定の耐震基準を満たす書類（耐震基準適合証明書など）や、既存住宅売買瑕疵保険に加入していれば、住宅ローン控除を受けることが可能です。ただし、耐震基準適合証明書を得るには購入前に行うべき段取り・費用の発生があるため、詳しい業者のサポートを受けることがお勧めです。

　なお、消費税10％に伴い、13年間まで住宅ローン控除が拡充されることになりましたが、もともと個人間売買の中古住宅の場合は物件価格に消費税がかからないのが一般的なため、消費税アップに伴う拡充策の適用はありません。したがって、住宅ローン控除を受けられる期間は10年までで、対象額の上限は2,000万円、長期優良住宅などの場合は3,000万円までである点は理解しておきたいところです。

家の寿命は「耐用年数」でわかるもの？

　ところで、よく耳にする「耐用年数」は、中古住宅選びに関係があるのでしょうか。鉄筋コンクリート造（マンションなど）では47年、木造の戸建て住宅では22年とされていますが、これは、あくまで、税務上の減価償却処理する際の基準にすぎません。建物の寿命を示しているわけではない点に留意が必要です。

　しかし、言葉の定義として耐用年数といえば、その建物の使用に耐えうる年数と誤解しやすいため、国土交通省では、建物の評価方法には「期待耐用年数」を採用したらどうかという提言を2013年に行っています。これを受けて、たとえば、これまでは木造住宅は築20年でほぼ価値ゼロと評価されてきたものの、期待耐用年数を用いることで、質の高い建物については20年超でも建物に値段が付く動きが出てきています。

　なお、2014年に国土交通省が公表した指針では、構造躯体等について、一定の劣化対策を講じた木造住宅で50〜60年程度、さらに長期優良住宅の認定を受けたものであれば100年程度の耐用年数を想定しているそうです。

「ホームインスペクション」の活用も視野に

中古住宅を選ぶにあたり、築年数はあくまで判断材料の一つにすぎません。

中古住宅を見学したときに見た目は綺麗に感じても、実際には建物の中身がかなり劣化していることもあり得ます。中古住宅の購入者の中には、住んでから不満が出て修繕にお金がかかり、結局高い買い物になった人もいます。不安を解消するには、ホームインスペクション（住宅診断）を受けるのも一つの方法です。住宅の劣化状況や欠陥の有無、改修すべき箇所やその時期とおおよその費用などについて、専門家からアドバイスを得ることができます。

ちなみに、不動産流通経営協会の「不動産流通業に関する消費者動向調査（2018年度版）」によると、中古住宅の購入にあたって建物保証やホームインスペクションなどを利用した人は44.7％でした。2018年4月から、仲介業者はホームインスペクションの内容について説明が義務化されたため、より利用しやすくなりました。

これはあくまで、ホームインスペクションを行って取引をするのかそうでないかの説明を明確にすることが義務になるだけで、必ずホームインスペクションが必要という位置づけではありません。ただ、不動産会社側としても、また、住宅購入者の間でもホームインスペクションという言葉が浸透し、意識が高まりつつある印象です。

なお、費用は、基本的な調査（床下や屋根裏を点検口などからのぞいて確認する程度）であれば5〜7万円程度、床下や屋根裏へ進入して調査する場合は9〜14万円程度といわれています。地域差や経験値、報告書の充実度などで料金に差がありますので、相見積りを取るのが安心です。

[図 6-1] 住宅購入にあたっての建物検査の実施状況〜既存住宅購入者

不動産会社等による建物保証、及び「既存住宅売買かし保険」の利用にあたって実施された検査、ならびにそれ以外に行った民間の建物検査（ホームインスペクション）。

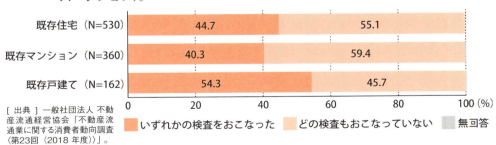

[出典] 一般社団法人 不動産流通経営協会「不動産流通業に関する消費者動向調査〈第23回（2018年度）〉」。

現役時代に「買う」なら、早いほうが良い理由

□ 結局買うなら、それまでの家賃分がもったいない出費になります
□ 就労収入があるうちの完済を目指すなら、早めの購入が無難です
□ 税制優遇と金利は、今なら手厚い優遇措置があります

家賃が高い大都市圏に住む人は、早めの購入がお勧め

　購入時期と取得金額の関係は悩ましいところですが、希望の物件が地方や郊外であれば、さほど敏感になる必要性はないかもしれません。

　けれども、大都市圏などで家賃が高い地域に住み、購入物件もその周辺を希望している場合は、住宅資金の額は相当に高額になります。購入までの時間が長くなればなるほど家賃の負担がかさみ、結果的には老後資金に影響を与えることにつながります。

　次ページの図7-1は、大都市圏にある新築マンション（3,800万円）を、頭金300万円、住宅ローン3,500万円（35年返済、金利1.5％）で購入するケースです。それまでの家賃が月10万円で、住宅ローンが月10.7万円なので、およそ家賃並みで購入するケースを想定しています。

　たとえば、一番上の「30歳で購入プラン」では、購入後の住居費用6,594万円（頭金300万円＋返済総額4,494万円＋維持費1,800万円）と、購入前の賃貸費用875万円（23歳からの7年間の家賃計840万円＋更新料計35万円）の合計で、90歳までの住宅資金総額は「7,469万円」と見積れます。それが、「40歳で購入プラン」なら住宅資金総額は「8,419万円」、「50歳で購入プラン」なら「9,369万円」となり、この例では10年で1,250万円の賃貸費用がかかる計算です。つまり、いつか買うつもりなら、購入するのが遅くなればなるほど、もったいないお金が発生する可能性があるといえそうです。

[図7-1] 90歳までの住居費の例

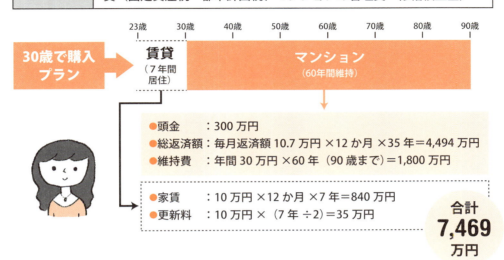

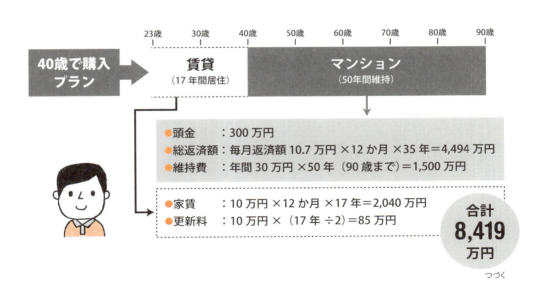

つづく

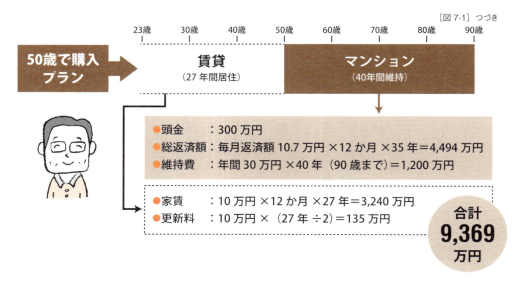

[図7-1]つづき

とはいえ、「急いで買わずに、頭金を貯めてから購入する場合は？」という疑問もわきますね。頭金を増やすことで借入額を減らせるので、余分に支払う利息が節約できるというのは一理あります。次からは、40歳まで頭金を貯めるとどうなるか、確認してみましょう。

頭金を増やせれば、確かに住宅ローンの支払総額は減る

次ページの図7-2では、10年間で頭金をドンっと増やした場合の例をいくつか紹介しています。前ページの図7-1の「40歳で購入プラン」を基に見ていくため、これを「基本プラン」として一番上に掲載しました。

はじめに、毎年50万円の積み立てをして、10年間で500万円貯め、頭金として800万円を投入したAプランを2つ紹介します。物件価格が3,800万円なので、この場合の住宅ローンの借入額は3,000万円です。

まず「A-1プラン」は、35年返済で借りたときのもので、借入額が少ない分毎月の返済額が9.2万円に減り、「基本プラン」より月に1.5万円のゆとりを生むことができます。借入額が減ることにより、支払利息も減るため、住宅資金総額は「8,289万円」に。「基本プラン」に比べて130万円も節約できそうです。

さて、「A-2プラン」は、同様に頭金800万円、住宅ローン3,000万円の設定ですが、毎月の返済額が基本プランと同水準になるように、返済期間を縮めてみたもので

す。この場合、返済期間は29年となりました。「基本プラン」や「A-1プラン」のように40歳で購入し、35年返済で住宅ローンを組むと完済は75歳となるため、老後の生活にゆとりがないことが見えています。購入時の年齢が高く、退職までに完済が難しい場合は、頭金を増やすことで返済期間の短縮を図っておきたいところです。

次ページのBプランのように、毎年100万円というハイピッチで積み立てを増やした場合、住宅ローンの借入額は2,500万円になり、35年返済なら「B-1プラン」にあるように毎月の返済額は7.7万円に下がります。また、毎月の返済額を「基本プラン」と同水準にするよう返済期間を縮めた「B-2プラン」なら、23年で完済できます。

［図7-2］10年間で貯蓄を増やし、40歳で購入すると

基本プランの試算の前提条件	23歳から賃貸：●家賃10万円　●更新料2年ごとに家賃の1か月分 購入する新築マンション：●物件価格3,800万円　●頭金300万円　●住宅ローン3,500万円（35年返済、金利1.5%、元利均等返済）　●維持費（固定資産税・都市計画税、マンションの管理費・修繕積立金）

【基本プラン】
図7-1「40歳で購入プラン」
●頭金：300万円
●住宅ローン：3,500万円
●返済期間：35年

- ●頭金　　：300万円
- ●総返済額：毎月返済額10.7万円×12か月×35年＝4,494万円
- ●維持費　：年間30万円×50年（90歳まで）＝1,500万円

- ●家賃　　：10万円×12か月×17年＝2,040万円
- ●更新料　：10万円×（17年÷2）＝85万円

合計 **8,419** 万円

【A-1プラン】
10年間年50万円積み立て
●頭金：800万円
●住宅ローン：3,000万円
●返済期間：35年

- ●頭金　　：800万円
- ●総返済額：毎月返済額9.2万円×12か月×35年＝3,864万円
- ●維持費　：年間30万円×50年（90歳まで）＝1,500万円

- ●家賃　　：10万円×12か月×17年＝2,040万円
- ●更新料　：10万円×（17年÷2）＝85万円

合計 **8,289** 万円

【A-2プラン】
10年間年50万円積み立て
●頭金：800万円
●住宅ローン：3,000万円
●返済期間：29年

- ●頭金　　：800万円
- ●総返済額：毎月返済額10.6万円×12か月×29年＝3,689万円
- ●維持費　：年間30万円×50年（90歳まで）＝1,500万円

- ●家賃　　：10万円×12か月×17年＝2,040万円
- ●更新料　：10万円×（17年÷2）＝85万円

合計 **8,114** 万円

つづく

［図 7-2］つづき

【B-1 プラン】
10 年間
年 100 万円
積み立て
●頭金：1,300 万円
●住宅ローン：2,500 万円
●返済期間：35 年

●頭金　　：1,300 万円
●総返済額：毎月返済額 7.7 万円 ×12 か月 ×35 年＝3,234 万円
●維持費　：年間 30 万円 ×50 年（90 歳まで）＝1,500 万円

●家賃　　：10 万円 ×12 か月 ×17 年＝2,040 万円
●更新料　：10 万円 ×（17 年 ÷2）＝85 万円

合計
8,159
万円

【B-2 プラン】
10 年間
年 100 万円
積み立て
●頭金：1,300 万円
●住宅ローン：2,500 万円
●返済期間：23 年

●頭金　　：1,300 万円
●総返済額：毎月返済額 10.7 万円 ×12 か月 ×23 年＝2,953 万円
●維持費　：年間 30 万円 ×50 年（90 歳まで）＝1,500 万円

●家賃　　：10 万円 ×12 か月 ×17 年＝2,040 万円
●更新料　：10 万円 ×（17 年 ÷2）＝85 万円

合計
7,878
万円

頭金が貯まるまで待つと 「退職までの完済」が難しくなることも

　このように見てくると、しっかり頭金を貯めることのメリットは確かにあります。ただし、"時間"の視点でよく見てみると、必ずしも貯まるまで待ったほうがよいとは言い切れない状況です。

　たとえば、上図 7-2 の「B-2 プラン」は、かなりパワフルな返済計画です。完済年齢の面では、P.125 の図 7-1「30 歳で購入プラン」は 65 歳のところ、「B-2 プラン」は 63 歳で完済なので有利といえます。一方、住宅資金総額では「30 歳で購入プラン」が 7,469 万円、「B-2 プラン」は 7,878 万円なので、約 410 万円も多く支払うことになり不利といえるでしょう。そして何より、この B プランは、家賃の支払い以外に毎年 100 万円を貯めて、頭金を 1,300 万円用意するという、なかなか実行が難しい努力の上に成り立つ試算ですから、実現性はそう高くはなさそうです。

　毎年 50 万円積み立てるだけでもけっこう大変です。特に、子どもがいる家庭では教育資金を捻出する中で、さらに頭金用に預金するのはかなり難しいことです。頭金 800 万円を用意し、3,000 万円のローンを 29 年返済で組む「A-2 プラン」との比較でも、完済年齢は、「30 歳購入プラン」65 歳＜「A-2 プラン」69 歳、住宅資金総額では、「30 歳購入プラン」7,469 万円＜「A-2 プラン」8,114 万円で、正直にいえば 40 歳で購入するプランは完敗なのです。

このように、家賃が高い地域で、いつかは買うつもりであれば、預金が貯まるまで待つより、早く買うほうが有利になりやすい点は知っておきたいところです。

　ちなみに、買うと決めているときに待つことのリスクに、金利上昇があげられます。現在の金利は史上最低水準といわれており、今より下がることはなかなか考えにくい状況ですが、上がるほうは青天井です。金利の動向は誰にもわかりませんが、アベノミクスが成功し景気回復すると物価が上昇し金利も上がるのではないかといわれています。同じ金額を同条件で借りるにしても、以下の図7-3のように金利が1％違うだけで700万円超の負担の差が生じる点は理解しておきましょう。

[図7-3] **金利上昇によって返済負担は重くなる**

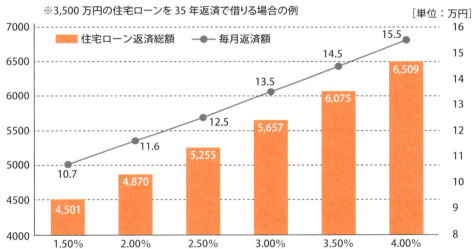

　東京オリンピック後に物件価格の値崩れがあるのでは、という話も耳にしますが、どの地域でどれくらい下がるのか、はたして本当に下がるのかはよくわかりません。

　なお、現在は住宅ローン控除やすまい給付金という税制優遇も充実していますが、2022年12月までの時限措置なので、それ以降も継続されるのかは不明です。

　そうした全体的な動向を鑑みると、今のフルで有利な条件（金利、税制優遇）が、将来もあるかはわからない点に留意しておきましょう。

[著者プロフィール]

竹下 さくら（たけした・さくら）

ファイナンシャル・プランナー (CFP)、1級ファイナンシャル・プランニング技能士、宅地建物取引士資格者、千葉商科大学大学院会計ファイナンス研究科(MBA課程)客員教授、東京都中高年勤労者福祉推進員。慶應義塾大学商学部にて保険学を専攻。卒業後、損害保険会社・生命保険会社の本店業務部門等を経て、1998年よりFPとして独立、現在に至る。「なごみFP事務所」を共同運営。主に個人向けのコンサルティングに従事し、講師・執筆活動なども行っている。
著書は『「家を買おうかな」と思ったときにまず読む本 改訂第3版』『「介護が必要かな」と思ったときにまず読む本』『「保険に入ろうかな」と思ったときにまず読む本』『「教育費をどうしようかな」と思ったときにまず読む本』(以上、日本経済新聞出版社)、『最新版 ローン以前の住宅購入の常識』『日本一わかりやすいお金の本』(以上、講談社)など多数。

本文DTP	平野 直子（株式会社 デザインキューブ）
本文デザイン	大悟法 淳一、大山 真葵（株式会社 ごぼうデザイン事務所）
本文イラスト	加藤 陽子

書けばわかる！ わが家にピッタリな住宅の選び方・買い方

2019年6月12日　初版第1刷発行

著 者		竹下 さくら
発 行 人		佐々木 幹夫
発 行 所		株式会社 翔泳社 （https://www.shoeisha.co.jp/）
印 刷・製 本		日経印刷 株式会社

Ⓒ2019 SakuraTakeshita

本書は著作権法上の保護を受けています。本書の一部または全部について（ソフトウェアおよびプログラムを含む）、株式会社 翔泳社から文書による許諾を得ずに、いかなる方法においても無断で複写、複製することは禁じられています。

本書へのお問い合わせについては、IIページに記載の内容をお読みください。

造本には細心の注意を払っておりますが、万一、乱丁（ページの順序違い）や落丁（ページの抜け）がございましたら、お取り替えいたします。03-5362-3705までご連絡ください。

ISBN978-4-7981-6053-5　　　　　　　　　　　　　　　　　　　Printed in Japan